Gestion intégrée de l'eau et Politiques de développement en Afrique de l'Ouest

Collection « Études africaines »

dirigée par Denis Pryen et son équipe

Forte de plus de mille titres publiés à ce jour, la collection « Études africaines » fait peau neuve. Elle présentera toujours les essais généraux qui ont fait son succès, mais se déclinera désormais également par séries thématiques : droit, économie, politique, sociologie, etc.

Dernières parutions

KWILU LANDUNDU (Hubert), *Sociologie de la santé au Congo-Kinshasa*, 2016.
KAMTO (Maurice), DOUMBE-BILLE (Stéphane), METOU (Brusil Mirand) (dir.), *Regards sur le droit public en Afrique*, 2016.
ROCHE (Christian), *La casamance face à son destin*, 2016.
IBIKOUNLÉ (Salami Yacoubou), *Politiques d'éducation / formation et coopération internationale décentralisée au Bénin*, 2016.
BAUDAIS (Virginie), *Les trajectoires de l'État au Mali*, 2015
NDZANA BILOA (Alain Symphorien), *La fiscalité, levier pour l'émergence des pays africains de la zone franc. Le cas du Cameroun*, 2015.
MAMA DEBOUROU (Djibril), *La résistance des Baatombu face à la pénétration française dans le Haut-Dahomey (1895-1915), Saka Yerima ou l'injuste oubli*, 2015.
EKANZA (Simon-Pierre), *L'historien dans la cité*, 2015.
GODEFROY (Christine), *Éthique musulmane et développement. Territoire et pouvoir religieux au Sénégal*, 2015.
TAMBWA N. NKULU K., GHOANYS K., MWANACHILONGWE K., MPYANA K., BUKASA K., *Le développement du Katanga méridional*, 2015.
FODOUOP (Kengne) (dir.), *Le Cameroun. Jardin sacré de la débrouillardise*, 2015.
DJILA KOUAYI KEMAJOU (Rose), *Le droit pénal des affaires au Cameroun*, 2015.
ATTISSO (Fulbert Sassou), *Le mal togolais. Quelle solution ?*, 2015.
PUEPI (Bernard), *Les gouvernances foncières et leur impact sur le processus de développement*, 2015.
OLOMBI (Jean-Claude), *Guerre et paix : leçons de l'intervention de l'ONU en République Démocratique du Congo*, 2015

Moussa BOUREIMA

Gestion intégrée de l'eau et Politiques de développement en Afrique de l'Ouest

L'Harmattan

5-7, rue de l'École-Polytechnique ; 75005 Paris

http://www.harmattan.fr
diffusion.harmattan@wanadoo.fr
harmattan1@wanadoo.fr

ISBN : 978-2-343-07566-2
EAN : 9782343075662

Dédié à la Fondation Bill & Melinda Gates
pour son soutien à la Facilité africaine de l'eau

Préambule

Les ressources en eau, en raison de leurs dimensions sociales, économiques et environnementales, constituent le substrat de la vie.

Au niveau mondial selon certaines analyses, en 2013, sur 7 milliards d'habitants 3,5 n'ont toujours pas d'eau courante à domicile 900 millions n'ont pas accès à de l'eau salubre, plus de 2 milliards n'ont pas d'accès à un service d'assainissement minimal et 90 % de l'eau utilisée servent à nourrir les populations.

Les défis mondiaux d'aujourd'hui et de demain enregistrent aussi que, dans les 25 prochaines années, l'essor démographique et la hausse des niveaux de vie que va connaître notre planète s'accompagneront nécessairement d'une explosion de l'utilisation de l'eau alors qu'il faudra également préserver les milieux naturels.

C'est pourquoi, à toutes les échelles géographiques, toutes les politiques de développement économique et social accordent une place cardinale à la gestion intégrée des ressources en eau.

Des organisations onusiennes ont entrepris la réalisation d'une vision mondiale à long terme pour l'Eau, la Vie et l'Environnement. Cette vision a entraîné la prise de conscience de l'importance d'une gestion durable de l'eau parce qu'en 2025, 63 % de la population mondiale devraient subir stress hydrique ou pénurie d'eau.

Dans le contexte actuel de planification et de mise en œuvre du développement durable, les ressources en eau font l'objet d'une attention particulière et pour cause, les eaux douces risqueront de devenir le facteur limitant du développement économique et social des prochaines décennies. L'eau douce disponible (0, 26 % du globe), seule ressource utilisable, est en quantité invariable alors que la population ne cesse d'augmenter et que la demande en eau est en pleine progression. L'eau est inégalement répartie et la consommation varie selon les pays : 250 litres par jour et par habitant en Amérique du Nord, 100 à 230 litres en Europe, 150 litres pour un Français et moins de 10 litres en Afrique Subsaharienne.

Au cours du 21e siècle, l'eau et les ressources en eau se dégraderont. Il y aura de moins en moins d'eau utilisable sans traitement par l'homme.

L'interdépendance hydrologique n'est pas une notion abstraite : deux personnes sur cinq dans le monde vivent dans des bassins hydrologiques internationaux partagés par plusieurs pays. Ainsi pour 39 pays, au moins la moitié des ressources en eau trouve son origine au-delà de leurs frontières.

Avec l'augmentation des consommations et des pollutions d'une part et la persistance des sécheresses d'autre part, la préservation des ressources naturelles commande de nouveaux modes de production et de consommation.

Cette nouvelle préoccupation a amené l'ONU à tenir, en 1992, une conférence sur l'environnement et le développement à Rio de Janeiro au Brésil.

Cette réunion mondiale dite « Sommet de la Terre » a lancé un processus de réflexion et de prise de décisions dans le cadre d'une nouvelle vision du développement. Dans cet ordre de fait, les Nations Unies ont adopté des conventions et des principes universels servant de cadres de référence et de guide pour le développement durable. Ces conventions et principes universels complétés par les objectifs du millénaire pour le développement constituent les politiques internationales impliquant la GIRE.

En Afrique, l'avènement du nouveau millénaire a inspiré à l'Union Africaine un nouveau partenariat pour le développement de l'Afrique (NEPAD) ; il s'agit d'une nouvelle politique ayant pour ambition de combler le fossé qui sépare le continent africain du monde développé. Le NEPAD a fixé entre autres la gestion des ressources en eau comme une priorité. Il existe depuis 2002 un Conseil des Ministres Africains de l'eau prenant des initiatives spécifiques pour l'Union Africaine et un Mécanisme de mobilisation et d'appui au financement du secteur de l'eau.

En Afrique de l'Ouest, la CEDEAO a élaboré l'ECOWAP comme point nodal du NEPAD. L'ECOWAP accorde aussi une priorité à la gestion des ressources en eau pour atteindre ses objectifs de développement communautaire. En collaboration avec les organisations sous-régionales, la CEDEAO a adopté la Politique des ressources en eau de l'Afrique de l'Ouest.

La sous-région ouest-africaine constituant l'UEMOA, qui occupe une part importante de l'une des zones les plus sèches du continent (le sahel), compte sur la maîtrise de l'eau pour la survie de ses populations et son développement économique et social.

Hormis ces organisations internationales, des organisations régionales dédiées comme l'Autorité du Bassin du

Niger (ABN), le Comité permanant Inter-États de lutte contre la Sécheresse dans le Shel (CILSS), l'Autorité du Liptako Gourma (ALG) ou encore la Commission du Bassin du Lac Tchad (CBLT), déploient des stratégies et des actions de gestion intégrée des ressources en eau.

La Gestion Intégrée des Ressources en Eau est un processus favorisant le développement et la gestion coordonnée des ressources en eau, du sol et des ressources associées, permettant de maximiser les bénéfices économiques et sociaux, de façon équitable sans compromettre la pérennité des écosystèmes vitaux. La GIRE repose sur les principes suivants :

- l'efficience économique de l'utilisation de l'eau compte tenu de la rareté et du caractère épuisable de la ressource
- l'équité pour la reconnaissance du droit fondamental de chacun, à son bien-être
- la durabilité environnementale et écologique : les utilisations actuelles des ressources en eau devraient être gérées de façon à ne pas affaiblir les systèmes vitaux et à ne pas mettre en danger l'utilisation de cette ressource par les générations futures.

Cet opuscule se veut une contribution à la connaissance des politiques et stratégies de développement économique et social impliquant la gestion intégrée des ressources en eau en Afrique de l'Ouest. Ce faisant, il rappelle d'abord le contexte mondial avec les politiques onusiennes de développement durable, présente ensuite les politiques économiques de l'Union Africaine, puis élucide les politiques et stratégies communautaires de développement mises en œuvre en Afrique de l'Ouest.

1

Le contexte mondial de la GIRE

La GIRE trouve toute son importance dans le contexte du développement durable dont le processus a été lancé par la conférence des Nations Unies sur l'environnement et le développement tenue en 1992 à Rio de Janeiro au Brésil. Posant la durabilité du développement sur la préservation des ressources naturelles, les Nations Unies se sont accordées sur des conventions cadres et des principes universels. La GIRE constitue la valeur cardinale des trois sphères d'action consensuelles que sont la diversité biologique, la lutte contre les changements climatiques et la lutte contre la désertification.

Il est important de signaler que bien avant le Sommet de la Terre qui posa les fondements d'un nouveau mode de développement économique et social, l'importance de l'eau a suscité des réflexions dont les conclusions érigées en Déclarations constituent des références historiques en matière de gestion de l'eau.

Tout d'abord, il y eut la Déclaration de Mar Del Plata issue de la première conférence des Nations Unies sur l'eau, tenue en 1977 à Mar Del Plata en Argentine. Cette conférence a institué la Décennie internationale de l'eau potable et de l'assainissement pour la période 1981 - 1990 ; elle a déterminé les objectifs à atteindre et défini un Plan d'action.

Ensuite, en janvier 1992, quelques mois avant le Sommet de la Terre et en prélude celui-ci, il y eut, la conférence sur l'eau et l'environnement, tenue à Dublin en Écosse. Cette conférence a adopté la Déclaration de Dublin qui enseigne que la bonne gestion des ressources en eau exige une approche globale qui concilie « Développement économique » et « Protection des ressources naturelles » en se basant sur les principes suivants : la promotion d'une approche intégrée des ressources en eau qui concilie développement socio-économique et protection des écosystèmes naturels, l'implication de tous les acteurs en garantissant la subsidiarité, la considération des besoins particuliers des femmes dans la gestion des ressources en eau, la reconnaissance du droit fondamental de l'homme à une eau salubre et à une hygiène adéquate pour un prix abordable en considérant l'eau comme un bien économique.

La Déclaration de Dublin sur l'eau dans la perspective d'un développement durable est un Document de base essentiel pour la formulation d'une nouvelle politique de l'eau ; il constitue un appel aux personnalités présentes à la Conférence de Rio, les invitant à adopter des nouvelles approches d'évaluation, de développement et de gestion des ressources en eau douce, accompagnées de l'engagement politique indispensable pour leur réalisation. Les recommandations se basent sur les quatre principes cités ci-dessus qui abordent les questions de gestion de l'eau ainsi que les cadres social, écologique et économique nécessaires à la réalisation des objectifs fixés.

1.1. Les politiques des Nations Unies

1.1.1. La Convention des Nations Unies sur la Diversité Biologique

La Convention sur la Diversité Biologique (CDB) regroupait 168 pays signataires ; elle est entrée en vigueur le 29 décembre 1993 avec trois buts principaux : (1) la conservation de la biodiversité ; (2) l'utilisation durable de ses éléments ; (3) le partage juste et équitable des avantages découlant de l'exploitation des ressources génétiques.

Considérée comme le document clé du développement durable, cette convention se donnait comme objectif de développer des stratégies nationales pour la conservation et l'utilisation durable de la diversité biologique.

1.1.2. La Convention Cadre des Nations Unies sur les Changements Climatiques (CCNUCC)

Cette convention met en place un cadre global intergouvernemental pour faire face au défi posé par les changements climatiques. Elle reconnaît que le système climatique est une ressource partagée dont la stabilité peut être affectée par les émissions industrielles de gaz carbonique ainsi que les autres gaz à effet de serre.

Selon la CCNUCC, les gouvernements doivent rassembler et diffuser les informations sur les gaz à effet de serre, sur les différentes politiques nationales et sur les meilleures mises en pratique, mettre en œuvre les stratégies nationales pour faire face aux émissions de gaz à effet de serre et s'adapter aux impacts prévus, y compris la mise à disposition de soutiens financier et technologique aux pays en voie de développement coopérer pour se préparer à l'adaptation aux impacts des changements climatiques.

Adoptée le 9 juin 1992, la CCNUCC est entrée en vigueur le 21 mars 1994.

Son objectif central est de stabiliser les concentrations de gaz à effet de serre dans l'atmosphère à un niveau qui empêche toute perturbation anthropique dangereuse du système climatique.

Il conviendra d'atteindre ce niveau dans un délai suffisant pour que les écosystèmes puissent s'adapter naturellement aux changements climatiques, que la production alimentaire ne soit pas menacée et que le développement économique puisse se poursuivre d'une manière durable.

Les variations croissantes du climat influencent directement le cycle de l'eau ; elles constituent donc une menace directe pour les moyens de subsistance des populations les plus démunies. Les stratégies d'adaptation aux changements climatiques doivent tenir compte de cette réalité et se centrer sur l'amélioration d'une exploitation durable des ressources naturelles, afin d'accroître la capacité de résistance (résilience) des écosystèmes et de réduire leur faiblesse (vulnérabilité) par rapport aux risques et aux dangers.

1.1.3. La Convention Cadre des Nations Unies sur la Lutte contre la Désertification

Adoptée deux ans après le Sommet de Rio, en juin 1994, la Convention sur la lutte contre la désertification regroupe 194 pays signataires ; elle est entrée en vigueur le 25 décembre 1996.

Elle traite de la désertification définie comme « la dégradation des terres dans les zones arides, semi-arides et subhumides sèches par suite de divers facteurs, parmi lesquels les variations climatiques et les activités humaines » et des moyens de lutte adaptés : mise en valeur intégrée des terres dans les zones arides, semi-arides et subhumides sèches, en vue d'un développement durable et qui vise à prévenir et/ou réduire la dégradation des terres, remettre en état les terres partiellement dégradées et restaurer les terres désertifiées.

Entrée en vigueur le 26 décembre 1996, la Convention des Nations Unies sur la lutte contre la désertification a pour objectif central de lutter contre la désertification et atténuer les effets de la sécheresse dans les pays gravement touchés par la désertification et, ou la sécheresse grâce à des mesures efficaces à tous les niveaux, en vue de contribuer à l'instauration d'un développement durable dans les zones touchées.

Pour atteindre cet objectif, les Nations Unies ordonnent d'appliquer des stratégies intégrées à long terme et axées simultanément sur l'amélioration de la productivité des terres, la mise en état et la conservation, et une gestion durable des ressources en terres et en eau, et aboutissant à l'amélioration des conditions de vie, en particulier au niveau des collectivités (Article 2, UNCCD).

L'UNCCD est le seul accord international juridiquement contraignant liant les questions d'environnement et de développement à l'ordre du jour concernant les questions territoriales. La Convention concerne toutes les terres arides du monde (qui abritent plus de 2 milliards de personnes, 50 % des animaux d'élevage dans le monde et qui représentent 44 % de tous les écosystèmes cultivés). La Convention et ses 194 membres se consacrent à la lutte contre la dégradation des terres et à l'atténuation des effets de la sécheresse dans les zones arides en essayant d'améliorer les conditions de vie des populations touchées.

La problématique de la désertification conjugue plusieurs phénomènes naturels. La désertification, la dégradation des terres et la sécheresse touchent actuellement plus d'un milliard et demi de personnes dans plus de 110 pays, soit un tiers de la population mondiale, dont 90 % issus de zones très pauvres. Or, les moyens existants pour éradiquer la pauvreté dépendent souvent de ressources perdues ou inaccessibles : terre, eau et forêts.

Près d'un quart de la surface terrestre totale a été fortement dégradé entre 1981 et 2003. Tous les dix ans, une zone de la taille de la France, de l'Allemagne et de la Suisse réunies est détruite. En 1993, le PNUE avait déjà estimé le coût financier annuel d'une telle perte à plus de 42 milliards de dollars par an ; cette somme équivaut à l'ensemble des aides financières accordées au continent africain tout entier.

L'analyse globale de la problématique de l'environnement et du développement indique que la lutte contre la désertification figure parmi les solutions durables.

1.1.4. Les principes universels

Les Nations Unies ont adopté 27 principes que chaque pays doit observer dans ses processus de préservation et de gestion de ses ressources naturelles. Ces principes déclarent entre autres que la paix, le développement et la protection de l'environnement sont interdépendants et indissociables, et que pour parvenir à un développement durable, la protection de l'environnement doit faire partie intégrante du processus de développement et ne peut être considérée isolément. Ils recommandent que les États coopèrent dans un esprit de partenariat mondial en vue de conserver, de protéger et de rétablir la santé et l'intégrité de l'écosystème terrestre. Étant donné la diversité des rôles joués dans la dégradation de l'environnement mondial, les États ont des responsabilités communes mais différenciées.

La GIRE s'interpose dans au moins 16 principes sur 27.

1.1.5. Les Objectifs du Millénaire pour le Développement (OMD)

Les objectifs du millénaire pour le développement sont huit objectifs adoptés en 2000 à New York avec la Déclaration du millénaire de l'Organisation des Nations Unies par 193 États membres et au moins 23 organisations internationales, qui sont convenus de les atteindre pour 2015.

Ces objectifs recouvrent de grands enjeux humanitaires : la réduction de l'extrême pauvreté et de la mortalité infantile, la lutte contre plusieurs épidémies dont le SIDA, l'accès à l'éducation, l'égalité des sexes et l'application du développement durable.

L'OMD 7 implique la GIRE. Intitulé « Assurer un environnement humain durable », il détermine 4 cibles à atteindre en 2015. La première cible consiste à intégrer le développement durable dans les politiques et les programmes nationaux et à inverser la tendance actuelle à la déperdition des ressources naturelles. La deuxième cible vise à réduire de moitié le pourcentage de la population qui n'a pas accès de façon durable à un approvisionnement en eau de boisson salubre et à des services d'assainissement de base. La troisième cible consiste à réduire la perte de la biodiversité et à minimiser le taux de perte de biodiversité. Selon l'ONU, cette cible ne peut être atteinte en 2015, mais la biodiversité reste pour au moins 10 ans une priorité mondiale. L'ONU a déclaré la décennie 2011-2020 « Décennie de la biodiversité ».

1.2. La politique de promotion de la GIRE du Partenariat Mondial de l'Eau(GWP)

Le concept pour un Partenariat mondial de l'eau remonte à la conférence de Stockholm sur l'Environnement de 1972, la conférence de Mar del Plata en 1977, la Déclaration de Dublin issue de la conférence des Nations unies sur l'environnement et le développement de janvier 1992, la Déclaration sur la «Protection de la Qualité et l'Approvisionnement des Ressources en eau douce : Application des Approches Intégrées au développement, la Gestion et l'usage des Ressources en eau» (Chapitre 18 de l'Agenda 21 de la Conférence de Rio) et à l'insatisfaction générale concernant le manque d'analyse de durabilité dans l'établissement des objectifs de politiques de l'eau et de planification de l'eau.

Le GWP est une organisation intergouvernementale basée à Stockholm en Suède.

La vision du Partenariat mondial s'exprime ainsi : **un monde dans lequel la sécurité en eau est assurée avec pour mission de soutenir les pays dans la gestion durable de leurs ressources en eau.**

Le GWP mobilise les États et la société civile afin de maintenir la question de la gestion des ressources en eau au niveau le plus élevé possible dans les priorités internationales, régionales et nationales.

Le GWP soutient également les États et les organismes de bassins transfrontaliers pour une gestion durable des ressources en eau, en promouvant la Gestion Intégrée des Ressources en Eau (GIRE) comme approche globale et pertinente pour traiter les problèmes de gestion de l'eau auxquels doivent faire face les États et les populations locales (alimentation en eau potable et assainissement, agriculture, environnement, lutte contre les inondations...).

Le Partenariat mondial fait la promotion de la GIRE et offre un forum pour le dialogue parmi les organisations, les agences gouvernementales, les usagers de l'eau et les groupes environnementaux pour promouvoir la stabilité à travers le développement, la gestion et l'usage durables des ressources en eau.

Le réseau est ouvert à toutes les organisations intéressées par la gestion des ressources en eau : institutions gouvernementales des pays développés et en voie de développement, agences des Nations Unies, banques de développement bilatéral et multilatéral, associations professionnelles, institutions de recherche, organisations non gouvernementales et secteur privé.

Le réseau du Partenariat mondial travaille dans 13 régions : Afrique australe, Afrique de l'Est, Afrique centrale, Afrique occidentale, Méditerranée, Europe Centrale et de l'Est, Caraïbes, Amérique centrale, Amérique du Sud, Asie centrale et Caucase, Asie du Sud, Asie du Sud-Est et Chine. Le secrétariat du GWP se trouve à Stockholm, en Suède.

1.3. La Stratégie mondiale de conservation et de gestion durable des ressources en eau de l'UICN au 21e siècle

Dans le volet « environnement et écosystème » de la vision mondiale de l'eau, cette stratégie indique la nécessité de changements fondamentaux dans l'attitude et le comportement des êtres humains envers l'eau douce et les écosystèmes qui en dépendent, si l'on veut arriver à garantir une sécurité environnementale, sociale et économique.

La vision présente le cadre théorique des interactions-clé entre les êtres humains et la nature et propose un plan d'action composé de six objectifs principaux, allant de la gestion durable des ressources naturelles aux questions de gestion publique, de communication et de savoir-faire.

L'Union Internationale pour la Conservation de la Nature (UICN) est la plus grande et la plus ancienne des organisations globales environnementales au monde. Elle regroupe plus de 1 200 organisations membres dans 140 pays dont 200 gouvernements ou organisations gouvernementales et 800 organisations non gouvernementales, près de 11 000 scientifiques et spécialistes volontaires au sein de six Commissions, plus de 1 000 professionnels travaillant dans 45 bureaux dans le monde entier. Elle joue un rôle de premier plan en matière d'environnement et de développement durable. Elle constitue un forum neutre pour les gouvernements, les ONG, les scientifiques, les sociétés et les communautés locales qui cherchent des solutions pragmatiques aux défis de la conservation et du développement. Elle développe et soutient la science de pointe de la conservation, particulièrement en ce qui concerne les espèces, les écosystèmes, la diversité biologique et leur impact sur les moyens de subsistance des êtres humains. Elle met en œuvre des milliers de projets et d'activités sur le terrain partout dans le monde.

L'UICN soutient les gouvernements, les ONG, les conventions internationales, les organisations des Nations Unies, les sociétés et les communautés, en vue de développer des lois, des politiques et de meilleures pratiques. Elle est financée par des gouvernements, des organismes bilatéraux et multilatéraux, des organisations membres et des sociétés. Elle a le statut d'observateur officiel auprès de l'Assemblée générale des Nations Unies.

L'UICN est dirigée par un Conseil, élu tous les quatre ans par les organisations membres lors du Congrès mondial de la nature.

Tout le travail de l'UICN sur la biodiversité, le changement climatique, l'énergie, les moyens d'existence et l'économie entre dans le cadre d'un programme cadre plus vaste, débattu et approuvé par les organisations membres tous les quatre ans lors du Congrès mondial de la nature de l'UICN.

L'action de l'UICN en cours en Afrique de l'Ouest est le « Programme Ressources en Eau et Zones Humides ». Ce programme vise à long terme à ce que les ressources en eau douce et les zones humides de l'Afrique Centrale et de l'Afrique Ouest soient utilisées et gérées de façon intégrée, durable et compatible avec les besoins des écosystèmes aquatiques de la région en contribuant à la réduction de la pauvreté.

À travers des projets et programmes pilotes de démonstration, le pôle thématique fait la promotion de l'approche écosystème pour sa prise en compte dans la définition et la mise en œuvre des politiques de gestion des zones humides et des ressources en eau dans les principaux bassins de la région.

1.4. La collaboration mondiale sur les problématiques liées à l'eau

1.4.1. Le Forum mondial de l'eau

Ce forum est le principal événement international concernant les questions de l'eau il est organisé tous les trois ans depuis 1997 par le Conseil mondial de l'eau, en partenariat avec le pays d'accueil. Il s'inscrit dans le processus de collaboration mondiale sur les problématiques liées à l'eau, en offrant aux politiques et aux décideurs concernés le seul espace international de débat et de contributions d'experts.

Le Forum mondial de l'eau sert quatre objectifs principaux :

- donner de l'importance à l'eau sur l'agenda politique ;
- débattre des solutions aux problèmes de l'eau du 21e siècle ;
- formuler des propositions concrètes et les porter à l'attention du monde ;
- générer un fort engagement politique.

Le Conseil mondial de l'eau est une plate-forme multilatérale créée en 1996 à l'initiative des organisations internationales et des spécialistes du secteur de l'eau reconnus à travers la planète, dans l'intention de résoudre les problèmes liés à l'eau qui préoccupent, de manière croissante, la communauté internationale.

Le Conseil mondial de l'eau s'attache à la sensibilisation, au développement d'une mobilisation politique et à la mise en place de stratégies efficaces sur les problématiques de l'eau, à tous les niveaux, incluant les plus hautes sphères du processus décisionnel, ainsi qu'à encourager la conservation, la protection, le développement, la planification, la gestion et l'utilisation de l'eau dans tous ses aspects dans un contexte de développement durable basé sur le bien-être de tous les êtres vivant sur la terre.

À travers une plate-forme permettant de faciliter les débats et d'échanger les expériences, le Conseil a pour objectif de parvenir à une vision stratégique commune sur la gestion des services et des ressources en eau pour l'ensemble des parties prenantes au sein de la communauté de l'eau. À ce titre, le Conseil est également un laboratoire d'idées pour la politique de l'eau et a pour mandat de trouver des solutions pour faire face aux différents problèmes. Le Forum mondial de l'eau est le résultat de cet engagement.

Le premier Forum mondial, tenu en 1997 à Marrakech (Maroc), a développé la Vision mondiale de l'Eau. Il s'agit du premier document proposant une politique globale basée sur une approche intégrale, en mettant l'accent sur les questions de disponibilité et d'assainissement. On y trouve une analyse de l'utilisation des ressources en eau, les développements possibles dans les années à venir et une vision de la situation souhaitée pour l'an 2025. Les besoins en investissements et les possibilités de financement sont également mentionnés.

1.4.2. Les principes du Secrétariat international de l'eau (SIE)

Le SIE, dont le secrétariat est basé à Montréal, est une organisation internationale non gouvernementale créée en 1990 dans le cadre de la Décennie de l'eau potable et de l'assainissement. Le SIE a pour but de faciliter la mise en application des quatre principes énoncés dans la Charte de Montréal sur l'eau potable et l'assainissement, qui sont :

- l'accès à l'eau est d'abord une question politique ;
- toute action dans le domaine de l'eau doit être conçue en appui aux populations concernées ;
- l'accessibilité à l'eau doit être intégrée dans une approche globale du développement
- tout programme lié à l'eau doit miser sur l'éducation et la formation des populations.

La mission que se donne le SIE consiste à :

- Agir pour promouvoir l'accès à l'eau potable, l'hygiène et l'assainissement des populations démunies tout en contribuant à combler les autres besoins fondamentaux et à faire face aux conséquences dues au changement climatique ;
- Soutenir la capacité des populations et de leurs partenaires dans le choix des solutions appropriées (techniques, humaines, financières, types de gestion, etc.) ;
- Faire converger les approches de type « base - sommet » avec celles de type « sommet - base » afin d'appliquer et d'innover en matière de décentralisation de choix politiques et de mécanismes de financement décentralisés.

Le SIE a développé dans le domaine de l'eau un savoir-faire qui touche :

- l'accompagnement du développement des capacités des populations locales ;
- la mise en synergie et le renforcement des capacités institutionnelles ;
- les campagnes de sensibilisation et d'information qui placent la gestion intégrée de l'eau par bassin

hydrographique au cœur du développement durable et équitable ;

- la valorisation des alliances régionales et l'appui aux réseaux mondiaux ;
- la communication événementielle associée aux actions de plaidoyer.

Le SIE, à titre de médiateur et en tant qu'autorité morale, a contribué dès fin 2004 à formaliser la participation de personnes-ressources issues du terrain et compétentes en gestion participative. Il a soutenu la société civile pour qu'elle soit présente et qu'elle contribue aux différentes étapes de la vision partagée. Le SIE a également diffusé systématiquement à l'échelle internationale les résultats des travaux de la vision partagée

1.4.3. L'Alliance globale pour l'Eau

Le souci de l'équité sociale dans la GIRE a amené le Forum mondial de l'eau a mettre sur pied un réseau mondial consacré à généraliser une prise en compte du globale dans la gestion des ressources en eau. Ce réseau est dénommé « Alliance globale pour l'Eau » ou, en anglais, Global Water Alliance (GWA).

GWA a vu le jour en mars 2000 lors du 2ème Forum Mondial de l'Eau qui s'est tenu à La Haye aux Pays-Bas. La mission de GWA est de promouvoir parmi femmes et hommes, un accès et un contrôle équitable d'une eau saine et adéquate pour l'approvisionnement domestique, les installations sanitaires, la sécurité alimentaire et un environnement durable. L'approvisionnement durable en eau et en services d'assainissement suivant une approche intégrée de gestion des ressources en eau exige une attention particulière aux femmes, à la justice sociale et aux droits de l'homme.

GWA estime qu'un accès et un contrôle équitables à la ressource eau sont un droit fondamental pour tous, ainsi qu'un facteur crucial pour promouvoir l'éradication de la pauvreté et un développement durable.

L'Alliance regroupe plus de 2100 membres de 121 pays et utilise cinq langues de travail : arabe, anglais, français, portugais et espagnol. Les membres de GWA sont variés et représentent un large éventail de compétences et d'expertises issues de tous les secteurs relatifs à l'eau et de divers groupes d'acteurs concernés par cette question parmi lesquels les gouvernements, des organisations de base, des Organisations Non Gouvernementales, des universités et instituts de recherche, des organismes internationaux et des membres individuels consultants. Plus de 80 % des membres viennent de différents pays d'Asie, d'Afrique et d'Amérique latine.

GWA est gouverné par un Comité Directeur indépendant dont leurs membres sont élus pour deux ans renouvelables une fois. Son comité directeur se compose de cinq membres représentant les régions géographiques d'activités de GWA et des secteurs d'expertises concernant les femmes et les ressources en eau.

Le siège social du Secrétariat de GWA est à Dieren aux Pays-Bas et est dirigé par un Directeur Exécutif.

GWA a été financé par les gouvernements néerlandais et britannique et des fonds additionnels spécifiques ont été alloués aux projets mis en œuvre avec des organisations partenaires.

1.4.4. Les rencontres internationales eau et cinéma (RIEC)

Les RIEC interrogent et encouragent la créativité artistique au service de l'eau. Elles visent les objectifs suivants :

- Impulser la production d'œuvres audiovisuelles en vue de créer des outils « pédagogiques » pour diffuser les savoirs et des témoignages qui ont pour objet l'accès de tous et toutes à l'eau potable, l'assainissement et l'eau productive ;
- Initier, à partir de l'image et de ses effets, des dialogues entre les parties prenantes concernant la mise en œuvre de solutions pour une gestion transversale, adaptée et équitable des ressources en eau ;
- Utiliser l'audiovisuel comme moyen d'expression du citoyen, usager et consommateur, s'adressant aux élus, aux gestionnaires et aux décideurs ;
- Faire rayonner les œuvres du catalogue des RIEC et joindre des publics nouveaux en organisant des événements grand public et en s'associant avec différents festivals et organisations pour créer des espaces de diffusion ou de production dédiés à la thématique eau ;
- Organiser avec des partenaires des concours locaux et régionaux dont les gagnants iront à la finale mondiale des Rencontres internationales « Eau et Cinéma » (RIEC).

La prochaine édition est prévue en Corée du Sud en avril 2015, à l'occasion du 7e Forum mondial de l'eau.

Par ces actions, les RIEC contribuent à renforcer les objectifs que poursuivent le Secrétariat international de l'eau (SIE), Solidarité Eau Europe (SEE) et leurs partenaires en donnant la parole aux acteurs locaux de la gestion de l'eau, aux usagers et au grand public. Elles valorisent le capital culturel de la gestion de l'eau des populations.

Les RIEC constituent donc le pilier culturel de la GIRE.

1.4.5. L'Année Internationale de l'Eau Douce

Pour faire mieux comprendre l'importance de la ressource eau et pour promouvoir l'action aux niveaux local, national, régional et international, l'ONU a adopté en février 2001 une Résolution proclamant 2003 l'Année internationale de l'eau douce.

L'Année internationale de l'eau douce fut l'occasion d'accélérer la mise en place des principes de la gestion intégrée des ressources en eau. Elle a été une plate-forme pour promouvoir des activités existantes et mener des initiatives dans le domaine des ressources en eau aux niveaux international, national et régional.

1.5. Rapport Mondial pour l'Évaluation des Ressources en Eau

L'eau pour les hommes, l'eau pour la vie, Rapport mondial sur la mise en valeur de l'eau dans le monde en 2003, est un document consacré à une première évaluation des progrès accomplis depuis le Sommet de Rio, et à la mise au point de méthodologies appropriées d'évaluation.

Le Rapport se voulait une aide à la formulation de politiques pour le développement et à l'utilisation durable des ressources en eau douce, en mettant l'accent sur les éléments relatifs aux responsabilités humaines face à l'eau : politiques, législation, programmes sociaux, approches économiques et stratégies de gestion.

2

Problématique de l'eau et politiques et stratégies de développement en Afrique

2.1. La problématique de l'eau

L'eau, appelée à juste titre « or bleu », ressource vitale pour l'ensemble des activités humaines, est au centre des enjeux politiques, économiques, sociaux et écologiques majeurs de l'Afrique… Dans ce continent 340 millions d'Africains n'auront toujours pas d'accès à l'eau en 2015, un Africain sur deux est obligé de parcourir chaque jour 10 km pour avoir de l'eau et 14 pays sont menacés d'une grave pénurie. Face à ces problématiques de répartitions inégales d'accès à l'eau, mais aussi de gaspillage dans certains pays, de « pression » démographique et de réchauffement climatique, la ressource en eau devient pour chaque État un enjeu de puissance, car elle est géostratégique et géopolitique, notamment dans les zones transfrontalières.

Dans ces contextes de tensions et de risques de « rareté », quelles sont les politiques et stratégies positives permettant de s'approvisionner en eau et de faire de cette ressource un vecteur de croissance durable et de paix ? Comment se résolvent les conflits et les problématiques géopolitiques d'accès à l'eau, les questions de partage des eaux transfrontalières, au niveau international et en Afrique ? Quels sont les systèmes transnationaux et locaux de gouvernance, les mesures et instruments permettant de réduire les effets du changement climatique et des pollutions sur la ressource en eau ? Quelles politiques publiques d'équilibre adopter entre une ressource considérée comme un bien commun pour les citoyens et un bien marchand pour les acteurs économiques ? Quels sont les systèmes de répartition des rôles entre les diverses parties prenantes dans le développement des infrastructures et de la maîtrise de l'eau : l'État, les territoires, les entreprises privées et publiques, les ONG, les associations d'usagers ?

C'est à toutes ces questions que l'Afrique doit trouver des réponses à travers ses politiques de développement durable.

2.2. Le Nouveau partenariat pour le développement de l'Afrique (NEPAD)

Le NEPAD est le projet que les responsables africains ont adopté comme cadre stratégique lors du 37e Sommet de l'Union Africaine, tenu à Lusaka en juillet 2001.

Le document de stratégie du NEPAD aborde les défis que le continent africain doit relever et qui consistent à lutter contre la pauvreté en :

- Engageant les États africains, pris individuellement et collectivement, dans la voie d'une croissance durable et du développement ;
- Mettant fin à la marginalisation de l'Afrique dans le processus de mondialisation et renforçant

l'intégration complète et bénéfique du continent dans l'économie mondiale.

Les grandes missions du NEPAD consistent à :

- Créer des conditions propices au développement durable en favorisant la paix et la sécurité, la démocratie et une gestion saine des affaires politiques, de l'économie et du commerce la coopération et l'intégration régionales ;
- Adopter des mesures de réformes et promouvoir les investissements dans les secteurs suivants : agriculture, mise en valeur des ressources humaines, en mettant l'accent sur la santé, l'éducation, les sciences et les techniques, mise en place et amélioration des infrastructures, promotion de la diversification de la production des exportations, intensification des échanges entre pays africains et amélioration de l'accès de leurs produits d'exportation aux marchés des pays développés, préservation de l'environnement ;
- Mobiliser des ressources en augmentant l'épargne et l'investissement au niveau national, en améliorant la part de l'Afrique dans le commerce mondial en attirant davantage d'investissements directs étrangers, en augmentant les mouvements de capitaux grâce à une nouvelle réduction de la dette et à une aide accrue.

Pour la mise en œuvre du développement durable, le NEPAD a déterminé dix domaines prioritaires : eau, agriculture, industrie, environnement, santé et éducation, énergie, écologie, égalité homme-femme, tourisme, changement climatique.

La GIRE s'impose dans sept de ces dix domaines.

Voici une présentation analytique de ces sept domaines :

- **Assurer l'accès à l'eau potable**

L'Afrique est touchée par la sécheresse. C'est le deuxième continent le plus sec derrière l'Australie. Les Africains représentent 40 % des personnes qui n'ont pas accès à l'eau potable dans le monde. On estime que seuls 26 des 54 pays africains réussiront à atteindre l'objectif du millénaire pour le développement visant à réduire de moitié le pourcentage de la population qui n'a pas accès à l'eau potable en 2015. L'un des problèmes du continent est lié à la disparité dans l'existence des ressources en eau.

L'Afrique centrale est l'espace où l'eau abonde le plus avec 48 % des ressources et l'Afrique du Nord celui où elle abonde le moins avec seulement 1,25 %. Néanmoins grâce au développement des infrastructures, l'Afrique du Nord assure l'accès à l'eau potable à 90 % de ses populations, tandis que l'Afrique subsaharienne ne couvre que 61 % des besoins en eau potable de ses habitants.

La récupération des eaux de pluie pourrait permettre à quelques 520 millions d'Africains d'avoir accès à l'eau potable, d'après le PNUE.

- **Augmentation de la productivité agricole**

Alors même que l'agriculture emploie 60 % de la main-d'œuvre africaine, les 3/5 des agriculteurs pratiquent encore une agriculture de subsistance. Les efforts mis en œuvre par de nombreux pays africains pour améliorer la production agricole n'ont pas suffi à garantir leur sécurité alimentaire. L'agriculture de l'Afrique dépend toujours des pluies, ce qui la rend vulnérable aux conditions météorologiques, notamment celles provoquées par les changements climatiques. L'insécurité alimentaire du continent a été aggravée par la menace d'une augmentation des prix alimentaires, due à la hausse des revenus dans des pays émergents (Chine, Inde ou Brésil), à l'utilisation accrue des terres pour la production de biocarburants et aux subventions des pays riches à leurs propres agriculteurs.

Aux yeux des dirigeants africains, il faut que le monde développé aide davantage à améliorer la productivité agricole et la sécurité alimentaire du continent. Ces dirigeants se sont eux-mêmes engagés, au sein du Programme détaillé pour le développement de l'agriculture africaine (PDDAA) adopté en juillet 2003 dans le cadre du Nouveau Partenariat pour le développement de l'Afrique (NEPAD), à allouer au moins 10 % de leurs budgets nationaux à l'agriculture. Ils se sont aussi donné pour objectif de stimuler la croissance de la production agricole pour qu'elle atteigne au moins 6 % par an en moyenne.

- **Le développement industriel**

L'industrie du continent (industrie manufacturière, mines et bâtiment) n'est pas très développée. Ces secteurs n'emploient actuellement que 15 % de la main-d'œuvre africaine. En février 2008, les dirigeants africains ont adopté un Plan d'action pour le développement industriel accéléré de l'Afrique. Des pays comme l'Afrique du Sud, l'Égypte, le Maroc et la Tunisie ont connu des améliorations.

- **Respect de l'environnement**

Infrastructures et aménagements fonciers en Afrique sont insuffisants face à la croissance des zones urbaines, dont le rythme atteint 3,5 % par an et dont l'un des effets est d'augmenter les rejets de déchets dans l'eau et dans les zones qui échappent à la réglementation.

Les dirigeants africains ont demandé à la communauté internationale de soutenir le transfert des connaissances et des technologies pour parvenir à une gestion des déchets respectueuse de l'environnement. Ils souhaitent aussi qu'on les aide à se doter de moyens supplémentaires de contrôle des importations et exportations de déchets, que ce soit sur le continent ou depuis l'extérieur.

L'Agence internationale de l'énergie atomique aide aussi certains pays à gérer en sécurité leurs déchets radioactifs, en particulier dans les régions où se trouvent de nouveaux gisements d'uranium. La Gambie, le Nigeria et le Sénégal, entre autres, ont commencé à appliquer le Système général harmonisé (SGH) d'étiquetage des matières dangereuses pour tenter de standardiser le maniement des produits chimiques.

Au Niger, l'État et AREVA ont pris des mesures de surveillance de l'eau : des analyses bactériologiques, physico-chimiques et radiologiques sont effectuées dans le cadre de la surveillance de l'eau de consommation. Il est notamment procédé à un suivi du niveau piézométrique des puits pastoraux afin d'identifier les impacts des exploitations d'uranium sur la nappe phréatique. La surveillance radiologique concerne l'eau, l'air, les sols, les bâtiments et la chaîne alimentaire.

- **Le changement climatique**

Le changement climatique freine les progrès en matière de développement durable en Afrique en contribuant à la réduction des précipitations, à la hausse des températures, aux inondations et à la propagation des maladies d'origine hydrique comme le choléra.

L'Afrique ne produit que 2 à 3 % des émissions mondiales de dioxyde de carbone, dont la plus grande partie vient de cinq pays seulement : l'Afrique du Sud, l'Algérie, l'Égypte, la Libye et le Nigeria.

Si le continent contribue peu aux émissions de gaz à effet de serre, les températures en Afrique pourraient cependant augmenter de 4 à 5 degrés Celsius d'ici un siècle, une évolution qui, selon le Groupe d'experts intergouvernemental sur l'évolution du climat (GIEC), serait désastreuse. La Corne de l'Afrique est en proie à des sécheresses récurrentes.

- **L'énergie**

Sur 1,4 milliard de personnes dans le monde qui n'ont pas accès à l'énergie, 40 % vivent en Afrique subsaharienne. Selon un rapport du NEPAD, le développement du secteur énergétique du continent est en retard par rapport à la croissance de sa population et à ses besoins socio-économiques.

Avec 13 % de la population mondiale, l'Afrique produit 7 % de l'énergie commerciale mondiale mais n'en consomme que 3 %. La plus grande partie de l'énergie commerciale produite est donc consommée ailleurs que sur le continent, constate le NEPAD.

En Afrique subsaharienne, les combustibles traditionnels comme le bois de chauffage représentent deux tiers de la consommation d'énergie.

Les dirigeants africains ont approuvé un programme décennal de production et de consommation durable pour favoriser une utilisation plus efficace des ressources énergétiques.

- **Les dégradations écologiques**

L'Afrique perd 4 millions d'hectares de forêts par an, soit deux fois plus que la moyenne mondiale. Si la déforestation peut permettre d'augmenter les surfaces arables, la productivité qui en résulte n'est pas durable, du fait de l'épuisement des sols qui perdent leurs substances nutritives.

D'après le PNUE, dans environ la moitié des régions écologiques d'Afrique, 50 % des terres ont été dégradés, converties en zones cultivées ou urbanisés.

L'Afrique dispose encore de 2 millions de kilomètres carrés de régions protégées, mais les zones côtières restent confrontées à des problèmes liés aux extractions minière et pétrolière, à unepêche incontrôlée, à une mauvaise gestion des mangroves et au développement des côtes. Les arbres des forêts sont détruits pour construire des habitations ou produire du charbon de bois, réduisant d'autant l'habitat de nombreuses espèces.

Le NEPAD a impliqué la GIRE dans deux de ses programmes et un fonds spécial.

2.2.1. Le Programme détaillé pour le développement de l'agriculture africaine (PDDAA)

En 2003, le NEPAD a conçu le Programme détaillé pour le développement de l'agriculture africaine (PDDAA). L'objectif du PDDAA est d'éliminer la faim et de réduire la pauvreté grâce à l'agriculture. Le PDDAA est bâti sur quatre piliers :

- Gestion des terres et des eaux (étendre les superficies exploitées par une gestion durable des terres ;

- Accès aux marchés (améliorer des infrastructures rurales et les capacités liées au commerce pour l'accès au marché international) ;
- Fourniture de produits vivriers et lutte contre la faim (accroître les ressources vivrières et réduire la faim) ;
- Recherche agricole (recherche agricole et diffusion des technologies).

Depuis la création du PDDAA, les partenaires au développement ont œuvré pour soutenir sa réalisation. Le NEPAD, les Communautés économiques régionales (CER) et l'Union Africaine, en collaboration avec un certain nombre de bailleurs de fonds et de gouvernements africains, ont davantage collaboré à l'efficacité des soutiens. Ces efforts ont abouti à la mise en place du Fonds multi-donateurs du PDDAA qu'abrite la Banque mondiale.

Ce fonds constitue un moyen systématique, souple et fiable pour harmoniser les priorités, permettre des économies d'échelle, accroître l'efficience et l'efficacité des ressources financières, cibler les déficits spécifiques de financement et de capacités technologiques, faciliter les partenariats et coalitions entre les institutions africaines, les partenaires et les bailleurs de fonds ; venir en appoint aux ressources existantes mobilisées autour des piliers du PDDAA.

Dans le cadre du premier pilier du PDDAA, on note les progrès suivants :

- la création de « l'Initiative TerrAfrica », un processus de conception et de recherche de financement de projets nationaux dédiés à la gestion durable des terres et des eaux à travers le Programme d'investissements stratégiques du Fonds pour l'Environnement Mondial (FEM) ;

- « L'initiative Eau et irrigation », à travers laquelle le NEPAD coordonne, aligne et gère les initiatives basées sur les connaissances dans le continent. Une initiative a été lancée pour remédier aux contraintes régionales qui pèsent sur l'intensification des investissements dans le développement de l'irrigation. Le NEPAD veille à ce que la mobilisation régionale des ressources bénéficie directement aux processus nationaux du PDDAA.

La GIRE constitue le nerf du PDDAA, en ce sens qu'elle inter-vient majestueusement pour l'agriculture, l'élevage, les forêts et les pêches qui constituent les domaines d'action du Programme continental.

2.2.2. Le Programme eau et assainissement - Afrique (WSP - Africa)

Le Programme Eau et Assainissement (WSP) est un partenariat international géré par le NEPAD dont la mission est de réduire la pauvreté en aidant les populations pauvres à bénéficier d'un accès durable à des services d'eau potable et d'assainissement.

2.2.3. Le Fonds spécial pour la préparation de projets d'infrastructures (IPPF)

L'IPPF-NEPAD est un fonds en fiducie multi-bailleurs géré par la Banque Africaine de Développement pour le compte du Nouveau partenariat pour le développement de l'Afrique. L'IPPF soutient le développement d'infrastructures régionales et continentales par des subventions octroyées aux gouvernements africains, aux communautés économiques régionales et aux institutions travaillant dans le domaine des infrastructures africaines, en vue d'élaborer des projets transfrontaliers viables et de grande qualité dans le secteur de l'énergie, des ressources en eau transfrontalières, des transports et des TIC.

Les études et activités préparatoires financées par l'IPPF depuis 2004 permettent de lever des millions de dollars sous forme de financements en aval octroyés par des sources publiques et privées, afin de construire des infrastructures essentielles sur le continent.

2.3. Les initiatives du Conseil des ministres Africains de l'Eau (AMCOW)

2.3.1. L'Initiative des ministres Africains sur l'Eau, l'Assainissement et l'Hygiène

L'Initiative des ministres africains sur l'eau, l'assainissement et l'hygiène (IMAEAH) a été créée en 2004 par les ministres africains chargés de l'eau et de l'assainissement, dans un effort politique pour prendre la responsabilité de diriger les activités visant à relever le défi de l'Afrique en eau, assainissement et hygiène (WASH).

L'IMAEAH rassemble les ministres africains provenant de différents secteurs pour travailler de manière proactive et conjointe afin de pouvoir accélérer les progrès de leurs pays en atteignant les Objectifs du millénaire pour le développement (OMD) sur l'approvisionnement en eau et l'assainissement.

Les objectifs spécifiques de l'IMAEAH sont les suivants :

- Soutenir les pays (gouvernements) africains pour qu'ils puissent atteindre les OMD sur l'eau et l'assainissement, à travers les activités de promotion concernant l'eau, l'assainissement et l'hygiène, la création de coalitions et l'élaboration et la mise en œuvre des politiques ;
- Inclure les questions liés à WASH dans le calendrier politique de l'AMCOW et renforcer les capacités de l'AMCOW dans l'approvisionnement en eau, l'assainissement et l'hygiène ;
- Renforcer la collaboration Sud-Sud dans les interventions WASH.

2.3.2. L'Initiative de l'Approvisionnement en Eau et de l'Assainissement en Milieu Rural (IAEAMR)

C'est une initiative de l'AMCOW mise en œuvre par la Banque Africaine de Développement et visant à réduire la pauvreté grâce à la réalisation des Objectifs du Millénaire pour le Développement en accélérant l'accès aux installations d'approvisionnement en milieu rural de manière durable.

L'objectif global est de s'assurer que 80 % de la population rurale en Afrique aient accès à un approvisionnement en eau potable et à l'assainissement en 2015.

Pour atteindre cet objectif, la stratégie adoptée met en œuvre un programme adapté à la demande, crée des partenariats, effectue un suivi rapide, applique une technologie appropriée et mobilise des fonds.

2.3.3. La Facilité Africaine de l'Eau ou African Water Facility (AWF)

Créée en 2004 pour répondre à la vision africaine 2025, aux OMD 2015 et aux préoccupations de l'AMCOW, la Facilité Africaine est un mécanisme de mobilisation de ressources destin à financer des activités de développement des ressources en eau en Afrique.

C'est un instrument financier axé sur la demande ; il accompagne les petits investissements dans le but d'obtenir des investissements beaucoup plus élevés.

Il répond aux demandes de financement uniquement à travers des dons qui vont de 50 000 à 5 millions d'euros.

Son fonds de roulement actuel est financé par la Banque Africaine de Développement, l'Union Européenne, 12 pays donateurs et la Fondation Bill Gates.

Il est déployé dans les domaines d'intervention suivants :

- Eau pour l'agriculture, l'énergie, le transport ;
- Approvisionnement en eau et assainissement ;
- Eau et changement climatique (Adaptation/ Atténuation) ;
- Cadre et instruments de gouvernance de l'eau, GIRE aux niveaux national, régional et transfrontalier ;
- Gestion de l'information et des connaissances sur les ressources en eau.

L'AWF soutient tous les acteurs du secteur eau : organismes publics, organisations de la société civile, collectivités territoriales, institutions de formation et de recherche, organismes de bassin régionaux.

Pour encourager ces bénéficiaires potentiels à la formulation de demande d'assistance, l'AWF organise des missions d'identification de projets et lance des appels à proposition pour l'assainissement urbain, la gestion de l'eau et le changement climatique.

Les priorités de financement de son plan stratégique 2012-2016 sont :

- La préparation de projets et programmes bancables (60 %) ;
- Des projets d'investissement stratégique à petite échelle (10 %) ;
- L'amélioration de la gouvernance de l'eau (15 %) ;
- La promotion des connaissances sur l'eau (15 %).

L'AWF s'associe à un large éventail d'institutions multilatérales et bilatérales du secteur de l'eau et d'autres secteurs afférents, et les consulte, afin de maximiser l'impact de ses projets.

2.3.4. La Déclaration de Sharm el-Sheikh

Adoptée en juillet 2008 à Sharm el-Sheikh (Égypte) par les chefs d'États et de gouvernement africains, cette déclaration exprime la priorité politique pour l'eau et l'assainissement de l'Union Africaine. Elle engage les pays à adopter des mesures d'adaptation visant à améliorer la résilience des pays face à la menace croissante du changement climatique et à la variabilité des ressources en eau.

Dans le processus de réflexion et de prise de décision initié par cette Déclaration, la session extraordinaire du Conseil Africain des ministres Chargés de l'eau (AMCOW) a adopté en novembre 2010 une décision recommandant le Partenariat mondial de l'eau (PME) et aux partenaires de mettre en œuvre le Programme Eau, Climat et Développement (PECD).

Le Programme Eau, Climat et Développement vise à intégrer la sécurité de l'eau et la résistance aux chocs climatiques dans les processus de la planification du développement, à renforcer la capacité d'adaptation face aux changements climatiques et à aider les pays à s'adapter à un nouveau régime climatique grâce à des investissements accrus dans la sécurité de l'eau.

Le but de ce programme est de promouvoir l'eau comme un élément clé du développement durable aux niveaux régional et national et de contribuer à l'adaptation au changement climatique pour la croissance économique et la sécurité humaine.

Les objectifs spécifiques consistent à aider les pays à intégrer la sécurité de l'eau et les capacités d'adaptation face aux changements climatiques dans les processus de planification du développement et à développer des partenariats et la capacité des institutions et parties prenantes pour renforcer les capacités d'adaptation face aux changements climatiques par une meilleure gestion de l'eau.

2.3.5. La politique et la stratégie de l'AMCOW pour l'intégration des femmes dans le secteur de l'eau en Afrique

Elles sont élaborées pour concrétiser l'institutionnalisation de l'égalité entre les sexes dans les secteurs du développement, notamment dans le secteur de l'eau.

La politique définit l'orientation et sert de cadre à l'AMCOW, aux États membres de l'UA et aux autres intervenants afin de prendre en compte les femmes dans leurs politiques, programmes, actions et investissements sectoriels.

La stratégie cherche à établir une base de référence en tenant compte des différents niveaux des progrès réalisés dans les pays respectifs. Elle suppose que les pays adapteront une mise en œuvre des objectifs d'intégration systématique des femmes adaptée au contexte local et à l'expérience sur le terrain.

Elle vise à tirer parti des expériences du partage des bonnes pratiques afin d'améliorer la responsabilisation et d'encourager le respect des engagements et des normes minimales dans la prise en compte des femmes dans la région.

Elle a identifié sept objectifs qui se renforcent mutuellement et qui devront être poursuivis par tous les États membres, les partenaires et les autorités de l'eau. Il s'agit de :

- établir la situation de la politique concernant les femmes dans le secteur de l'eau en Afrique, la soutenir et la renforcer par la formulation et la mise en œuvre de politiques appropriées ;
- affecter des ressources humaines et financières suffisantes pour intégrer les femmes grâce à des activités stratégiques de mobilisation des ressources ;
- élaborer et adopter une approche tenant compte du sexe dans la mise en œuvre des projets à tous les niveaux du secteur de l'eau, y compris l'autonomisation économique grâce à l'égalité d'accès à l'eau utilisée à des fins productives ;
- effectuer des recherches stratégiques et collecter des informations sur les activités tenant compte du sexe entreprises, produites, partagées et utilisées par les intervenants afin de trouver des réponses fondées sur les réalités ;
- développer des capacités humaines et institutionnelles afin de soutenir les interventions visant l'égalité entre les sexes à tous les niveaux ;

- renforcer les mécanismes visant à promouvoir la coopération et la coordination pour prendre en compte le sexe dans le secteur de l'eau ;
- élaborer et mettre en œuvre un système de suivi et d'évaluation ainsi que des indicateurs en vue de soutenir les interventions qui respectent le principe de l'égalité hom-mes-femmes dans le secteur de l'eau.

2.3.6. La Déclaration de Dakar de l'Assemblée générale de l'AMCOW

Suite à sa 9ème Assemblée générale tenue à Dakar (Sénégal) les 30 et 31 mai 2014, le Conseil des ministres africains chargés de l'eau, Comité technique spécialisé de l'Union africaine, a adopté une déclaration sur la priorisation de l'eau et l'assainissement dans l'Agenda de Développement Post 2015, dont suit la substance :

- L'AMCOW réaffirme la Vision africaine de l'eau pour 2025 : une Afrique où la gestion et l'utilisation équitables et durables de l'eau contribuent à la réduction de la pauvreté, au développement socio-*économique, à la coopération régionale et à l'environnement.*
- L'AMCOW s'est engagé à mettre en œuvre son Programme triennal 2014-2016 pour revigorer la mise en œuvre des engagements de Sharm El-Sheikh et accélérer la réalisation des objectifs en matière d'eau et d'assainissement en Afrique et il invite les partenaires à s'engager dans sa mise œuvre et à y contribuer.
- Les ministres se sont engagés à faire de « La sécurité en matière d'eau et l'assainissement pour la croissance en Afrique » un objectif stratégique de

l'AMCOW jusqu'en 2025, basé sur les expériences nationales issues des Documents de Stratégies de développement et de Réduction de la Pauvreté.

- Ils appellent à s'atteler au déficit infrastructurel permanent et persistant de l'Afrique, en particulier à la priorisation de la mise en œuvre de projets hydrauliques dans le cadre du Programme de développement d'infrastructures en Afrique en vue d'ouvrir les secteurs productifs des économies nationales et de faire avancer l'utilisation durable de l'eau pour soutenir l'agriculture, la sécurité alimentaire, la croissance et la gestion des eaux usées et de la pollution.
- Ils s'engagent aussi à mobiliser des ressources nationales et à prendre en charge la question du financement durable, y compris l'approvisionnement de la Facilité Africaine de l'eau et de l'Initiative eau et assainissement en milieu rural de l'AMCOW conformément aux déclarations antérieures.

2.3.7. La semaine africaine de l'eau (SAE)

L'initiative de la semaine africaine de l'eau représente un engagement politique au plus haut niveau où les gouvernements, les institutions régionales, les partenaires internationaux, le secteur privé, la communauté scientifique, la société civile et les médias du monde, et notamment ceux de l'Afrique, se rencontrent pour discuter et chercher ensemble des solutions aux problèmes d'eau et d'assainissement de l'Afrique.

Elle est organisée chaque année en conformité avec la décision du Conseil des ministres africains sur l'eau dans le but de créer une dynamique pour atteindre les Objectifs du millénaire pour le développement concernant l'eau et l'assainissement d'ici à 2015, et la vision africaine de l'eau pour 2025. Cela est en ligne avec la conviction de l'AMCOW que l'accès adéquat et équitable à l'eau et d'l'assainissement apporte une contribution essentielle au progrès de l'Afrique vers le développement durable.

3

Les politiques et stratégies communautaires en Afrique de l'Ouest

3.1. Les politiques de la CEDEAO

Réunissant des pays anglophones, francophones et lusophones, la CEDEAO est le plus petit espace d'intégration régionale en termes de superficie et le plus pauvre en termes de revenu par habitant. Faisant face à des défis multiformes et consciente de l'importance de l'eau pour la croissance de ses pays membres, la CEDEAO a intégré l'eau dans sa politique agricole et en a fait une politique spécifique.

3.1.1. La Déclaration de Ouagadougou

Du 3 au 5 mars 1998, la CEDEAO a organisé (à Ouagadougou) une conférence ouest-africaine des ministres en charge de l'eau sur la GIRE (COA/GIRE). Le document consensuel issu de cette conférence est appelé : Déclaration de Ouagadougou.

Cette Déclaration est considérée comme l'engagement de la CEDEAO pour la mise en œuvre de la GIRE dans la région ouest-africaine.

Par cette Déclaration :

- les pays ouest-africains reconnaissent l'importance de l'eau pour le développement socio-économique car elle constitue une part importante de l'infrastructure sociale, et joue un rôle-clé dans l'agriculture, la santé, l'énergie et la consommation générale pour le bien-être des hommes, et rôle auquel il n'y a pas de substituts ;
- ils décident de réaliser une Vision pour l'Eau, la Vie et l'Environnement en l'an 2025, afin que toutes les populations de la région ouest-africaine aient accès à l'eau potable pour satisfaire leurs besoins de base, aux infrastructures sanitaires, à la sécurité alimentaire et à la ration nutritionnelle appropriée que la région ouest-africaine ait atteigne l'autosuffisance alimentaire ; la dégradation des ressources en eau soit stoppée la santé des écosystèmes aquatiques restaurée et leur biodiversité protégée ;
- ils lancent un appel aux partenaires au développement pour qu'ils soutiennent la réalisation de la Vision et de son Plan d'Action.

3.1.2. Le Plan d'action régional de GIRE (PAR-GIRE/AO)

Le Plan d'action régional de gestion intégrée des ressources en eau (PAR-GIRE/AO) est adopté en décembre 2000 par la Conférence des chefs d'État et de gouvernement de la CEDEAO.

Le PAR-GIRE/AO est élaboré à partir des quatre axes de concentration définis dans la Déclaration de Ouagadougou qui consistent à :

- mettre en œuvre au niveau de chaque pays un Plan d'Action National de l'Eau ;
- créer un cadre de coopération régionale pour la gestion intégrée des ressources en eau, l'harmonisation des politiques et des législations en matière d'eau et les échanges d'expérience ;
- créer ou redynamiser les cadres de concertation entre pays riverains pour la gestion concertée des eaux des bassins partagés ;
- élaborer des stratégies nationales et régionales pour la mobilisation des ressources financières nécessaires à la gestion intégrée des ressources en eau.

Le PAR-GIRE/AO se présente sous la forme d'un portefeuille de projets à soumettre pour financement aux partenaires au développement. Les projets sont regroupés en six programmes thématiques :

- Programme n° 1 : Appui aux plans nationaux de gestion intégrée des ressources en eau
- Programme n° 2 : Appui spécifique aux pays sinistrés
- Programme n° 3 : Renforcement des capacités
- Programme n° 4 : Coordination régionale de la gestion intégrée des ressources en eau
- Programme n° 5 : Création ou redynamisation des cadres de concertation entre pays riverains pour la gestion des bassins partagés
- Programme n° 6 : Financement du secteur de l'eau.

3.1.3. La Politique agricole (ECOWAP)

Dès le début des années 2000, l'Afrique de l'Ouest a impulsé un dialogue politique visant à concevoir un cadre de politique agricole régionale dans un contexte où coexistent de nombreuses institutions sous-régionales. Ce processus, qui s'inscrit dans le traité révisé de la CEDEAO, a débouché sur l'adoption, le 19 janvier 2005, par les chefs d'État et de gouvernement des pays membres de la CEDEAO de la politique agricole régionale, l'ECOWAP. Cette adoption intervient à l'issue d'un processus approfondi de diagnostic de l'agriculture régionale, de son potentiel de développement, des points forts et des points faibles des agricultures nationales et d'une lecture des enjeux et défis de la région en termes d'agriculture et de sécurité alimentaire.

L'espace régional ouest-africain est considéré par les pays et les acteurs comme l'espace pertinent pour construire une stratégie de développement du secteur agricole. Cette option repose sur plusieurs constats :

- Il existe de fortes complémentarités entre les bassins de production et les bassins de consommation, en lien avec la diversité des zones agro-écologiques fortement influencée par le gradient pluviométrique qui passe de 300 mm au nord de la région à près de 4000 mm par an au sud.
- De multiples ressources naturelles sont partagées entre les pays : fleuves, réserves de biodiversité, eaux souterraines, etc. La bonne gestion de ces ressources doit être commune et concertée. Elle des fleuves (aménagements des bassins versants, barrages, etc.) est déterminante pour l'approvisionnement en eau des populations et pour l'irrigation, mais aussi

dans une perspective de prévention des conflits. L'aménagement des espaces pastoraux ne peut se concevoir qu'en prenant en compte les déplacements longs des pasteurs. Certaines réserves de biodiversité liées à l'existence de forêts transfrontalières et les ressources halieutiques ne peuvent être protégées que dans le cadre d'une gestion concertée. Toutes ces ressources nécessitent une vision commune de leur exploitation et de leur préservation au niveau des pays.

- Dans un contexte de mondialisation des économies et des échanges, l'intégration régionale est considérée comme un des vecteurs essentiels pour positionner la région dans le concert mondial. L'Afrique de l'Ouest est engagée dans la construction d'un espace de libre circulation des hommes et des marchandises. Elle se dote d'une politique de commerce extérieur unique, à travers le tarif extérieur commun (TEC).
- Le nouveau contexte international marqué par la hausse des prix constitue une opportunité historique pour refonder les bases du développement agricole de la région. Cette opportunité ne peut être saisie que dans le cadre d'une approche régionale permettant de dépasser les divergences d'intérêts à court terme entre les pays. Cette dimension régionale de l'agriculture confère sur certains aspects au niveau régional un avantage comparatif. Ainsi la diversité des écosystèmes de l'Afrique de l'Ouest constitue un atout de production d'une gamme variée de produits et fonde d'importantes complémentarités entre les pays et les bassins de production. En cela, le secteur agricole constitue un levier important

de l'intégration régionale des économies agricoles. La diversité des écosystèmes offre également des possibilités d'échanges de produits fondés sur des complémentarités agro-écologiques, prémisses d'une intégration du marché de la région. En outre, les États ne sont pas forcément à l'échelle des problèmes qui leur sont posés et la région semble parfois mieux armée pour les résoudre. Le niveau régional est par exemple plus à même de contribuer à une meilleure régulation de l'offre et de la demande de produits agricoles, en décloisonnant les marchés (infrastructures de marché, gestion des filières régionalisées, etc.). C'est au niveau régional que peut être conçue une politique commerciale aux frontières adaptées et efficaces pour promouvoir le secteur agricole. C'est à l'échelle régionale également que peuvent être définies de véritables politiques de filières permettant à certains produits de trouver leur place dans le marché mondial : c'est le cas du coton, mais aussi de nombreuses cultures vivrières produites dans différents pays d'une même région. Dans le contexte de mondialisation des échanges, le niveau régional est plus à même de répondre à ces défis et à proposer une vision claire et ambitieuse en matière de politique agricole. Il est enfin la seule voie permettant aux responsables africains de peser dans les négociations commerciales internationales.

L'ECOWAP a établi six principes directeurs correspondant aux domaines prioritaires retenus, sur la base de leur contribution à la réduction de la pauvreté et de l'insécurité alimentaire, de l'intégration régionale et de leur faisabilité à court et moyen termes.

Il s'agit de :

- l'amélioration de la gestion de l'eau, comprenant : la promotion de l'irrigation et la gestion intégrée des ressources en eau ;
- la gestion améliorée des autres ressources naturelles, comprenant : l'organisation de la transhumance et l'aménagement des parcours, la gestion durable des ressources forestières, la gestion durable des ressources halieutiques ;
- le développement durable des exploitations agricoles, comprenant : la gestion intégrée de la fertilité des sols, le renforcement des services de support aux producteurs, la dissémination de technologies améliorées ;
- le développement des filières agricoles et la promotion des marchés, comprenant : le développement des différentes filières (vivrières, agriculture périurbaine, cultures d'exportation, élevage à cycle court, produits agro-forestiers alimentaires, pêche artisanale et aquaculture), le développement de la transformation des produits ; le renforcement des services de support aux opérateurs, la promotion des commerces national, régional et international ;
- la prévention et la gestion des crises alimentaires et autres calamités naturelles, comprenant : la promotion de systèmes d'alerte précoce, le développement de systèmes de gestion des crises, l'appui à la réhabilitation des zones après les crises, le développement de mécanismes de compensations-assurances contre les calamités naturelles ;
- le renforcement institutionnel, comprenant : l'intégration de l'approche homme-femme, l'appui à

l'amélioration des capacités de formulation des politiques et stratégies de financement durable de l'agriculture, la communication ; le renforcement des capacités de pilotage et de coordination, le renforcement des capacités de suivi et d'évaluation.

Comme on le voit bien, la GIRE constitue le premier domaine prioritaire (Amélioration de la gestion de l'eau) de l'ECOWAP. Elle participe à l'existence de trois autres domaines prioritaires : la gestion améliorée des autres ressources naturelles, le développement durable des exploitations agricoles, le développement des filières agricoles.

La mise en œuvre de l'ECOWAP se déroule dans un contexte de recherche de synergie avec non seulement les politiques agricoles nationales de chacun des 15 pays membres, mais également le volet agricole du NEPAD, le programme détaillé pour le développement de l'agriculture africaine (PDDAA).

En 2002, la conférence des chefs d'États tenue à Yamoussoukro en Côte-d'Ivoire, a confié à la CEDEAO, en tant que communauté économique régionale, le mandat de coordonner la mise en œuvre du PDDAA.

L'opérationnalisation de l'ECOWAP, matérialisée pour l'essentiel par l'élaboration d'un plan d'action en 2005, du démarrage de certains programmes régionaux, mais surtout de la formulation des programmes nationaux d'investissement agricole tant au niveau national (PNIA), que régional (PRIA), se veut le creuset d'une synergie entre les trois niveaux de politique agricole : continental, régional, national.

La CEDEAO place au cœur du processus d'élaboration des PRIA les organisations de coopération et d'intégration régiona-les et internationales (BAD, UEMOA, CILSS, ADRAO...), les organisations socioprofessionnelles d'Afrique de l'Ouest (ré- seaux des organisations paysannes, réseaux de professionnels de l'agriculture) et les partenaires techniques et financiers (USAID, FIDA, UE, Banque Mondiale, FAO, PAM...).

En fonction de leur champ de compétence, ces organisations sont mandatées pour formuler les PRIA selon la répartition suivante des responsabilités :

- l'amélioration de la gestion de l'eau,
- le développement durable des exploitations agricoles,
- la gestion améliorée des autres ressources naturelles,
- le développement des filières agricoles et la promotion des marchés,
- la prévention et la gestion des crises alimentaires et autres catastrophes naturelles,
- le renforcement institutionnel.

3.1.4. La Politique des Ressources en eau de l'Afrique de l'Ouest (PREAO)

La PREAO a été adoptée le 19 décembre 2008 en même temps que la politique environnementale, en collaboration avec l'UEMOA et le Comité permanent Inter-États de Lutte contre la Sécheresse dans le Sahel(CILSS).

L'objectif général de la politique régionale de l'eau est de contribuer à la réduction de la pauvreté et au développement durable en orientant la Communauté et ses États membres vers une gestion des ressources en eau conciliant développement économique, équité sociale et préservation de l'environnement.

De manière spécifique, elle vise à :

- susciter le développement d'orientations communau-taires en termes de gestion de l'eau, favoriser l'harmonisation et l'intégration des politiques nationales et régionales relatives aux ressources en eau ;
- inciter les États à développer leur cadre de gestion de l'eau au niveau des pays et des bassins transfrontaliers d'Afrique de l'Ouest en conciliant développement économique, équité sociale et préservation de l'environnement.

La PREAO est fondée sur 12 principes directeurs : le partage équitable et raisonnable des ressources en eau des cours d'eau internationaux et des aquifères partagés, la précaution, la prévention, l'information et la notification préalable, le principe pollueur-payeur ; le principe l'utilisateur-payeur ; la bonne gouvernance des ressources en eau, l'approche homme-femme, la subsidiarité ; la complémentarité ; la progressivité dans la mise en œuvre des mesures, pour tenir compte de la situation et des intérêts spécifiques de chaque État, comme de la nécessité d'opérer graduellement les ajustements opportuns, le partenariat, la coopération et la gestion par bassin hydrographique ou système d'aquifère.

Ses axes stratégiques sont :

- La réforme de la gouvernance de l'eau,
- La promotion des investissements dans le secteur de l'eau,
- La promotion de la coopération et l'intégration régionale dans le secteur de l'eau.

3.1.5. Dialogue régional sur les grandes infrastructures hydrauliques en Afrique de l'Ouest

La CEDEAO a lancé un projet dénommé « Concertation sur les grands projets d'infrastructures dans le secteur de l'eau dans l'espace CEDEAO ».

Le projet est mis en œuvre par le Centre de Coordination des Ressources en Eau (CCRE), en étroite collaboration avec les départements de la CEDEAO chargés de l'énergie, de l'agriculture et de l'environnement pour soutenir la GIRE dans les bassins transfrontaliers et promouvoir l'intégration régionale dans le secteur de l'eau.

L'Union Internationale pour la Conservation de la Nature (UICN), à travers son Programme Afrique Centrale et Occidentale (PACO), a été admise dans le comité de pilotage de ce projet qu'elle soutient.

Ce projet vise à contribuer à un développement harmonieux de l'Afrique de l'Ouest et à l'intégration régionale à travers la mise en œuvre d'un dialogue sur les infrastructures du secteur de l'eau.

Ses objectifs spécifiques sont les suivants :

- Les organismes de bassin et les États membres s'accordent sur les mécanismes de concertation et les ouvrages prioritaires pour le développement et l'intégration régionale ;
- Les impacts des ouvrages sur le processus d'intégration régionale sont évalués et mis en débat ;
- Le dispositif diplomatique de la CEDEAO est mis en œuvre pour soutenir les projets prioritaires et dégager des solutions sur les ouvrages qui génèrent des impacts négatifs ou des risques de conflits, y compris le dialogue avec les partenaires au développement.

3.2. Le Partenariat régional de l'eau de l'Afrique de l'Ouest (GWP-AO)

Institué en 2002 entre les partenaires de l'eau de la sous-région de l'Afrique de l'Ouest, le GWP-AO est la branche régionale du Partenariat Mondial de l'Eau (GWP).

La mission fondamentale du Partenariat est de construire des alliances et de renforcer les capacités institutionnelles de ses membres afin d'encourager et de fortifier des réseaux de recherche, d'expertise et d'information sur la GIRE.

Les objectifs du Partenariat consistent à :

- promouvoir le développement durable par la gestion intégrée des ressources en eau, aux niveaux des pays et des bassins hydrographiques ;
- promouvoir la création de Partenariats Nationaux de l'Eau dans les pays de la sous-région et les soutenir dans leurs actions visant à faciliter la mise en œuvre de la GIRE ;
- promouvoir l'adoption et l'application de bonnes pratiques de GIRE aux niveaux régional, national, local et au niveau des communautés ;
- contribuer à soutenir l'idée de partenariat dans le domaine de la gestion des ressources en eau aux niveaux mondial, régional et national ;
- Soutenir les pays de la région ouest-africaine pour dresser l'état des lieux de la gestion de leurs ressources en eau et pour identifier les lacunes et les nouveaux besoins dans la perspective de la mise en œuvre de la GIRE ;

- sensibiliser les gouvernements et les partenaires au développement à la nécessité de satisfaire les besoins critiques en matière de GIRE dans la région Ouest Africaine ;
- aider au développement des outils de gestion institutionnelle, technique ou financière de maîtrise et de suivi des ressources en eau ;
- développer des relations permanentes entre les organismes, acteurs et partenaires chargés de la gestion intégrée des ressources en eau et favoriser entre eux les échanges de connaissances, d'expertises, d'expériences et de pratiques de gestion intégrée des ressources en eau ;
- favoriser la formation, la recherche fondamentale et la recherche-action ainsi que l'information des membres, des élus locaux, de la société civile, des représentants des usagers, des acteurs de la gestion de l'eau, des dirigeants et des personnels des organismes chargés de la gestion de l'eau ;
- encourager l'éducation et la sensibilisation des populations sur les questions de ressources en eau ;
- aider les membres à diffuser les résultats de leurs travaux allant dans le sens des objectifs poursuivis par le Partenariat ;
- organiser et animer des forums de discussion à caractère scientifique, technique, éducationnel, juridique, économique, social ou politique, aux niveaux international, national, régional et local ;
- aider à prévenir ou à régler les conflits relatifs à l'utilisation des ressources en eau transfrontalières.

3.3. La Politique Agricole de l'UEMOA (PAU)

L'adoption de la PAU fait l'objet de l'Acte additionnel N° 03/2001 au traité constitutif de l'union. Cette politique communautaire a pour objectifs de :

- Contribuer de manière durable à la satisfaction des besoins alimentaires de la communauté ;
- Contribuer au développement économique et social des États membres ;
- Contribuer à la réduction de la pauvreté.
- La PAU est mise en œuvre suivant trois axes d'intervention :
- Adaptation des systèmes de production et amélioration de l'environnement de la production ;
- Approfondissement du marché commun dans le secteur agricole et gestion des ressources partagées ;
- Insertion dans les marchés sous-régional et marché mondial.

La GIRE est appelée comme orientation stratégique « Maîtrise de l'eau » dans le premier axe, comme composante « Gestion des ressources partagées » dans le deuxième axe avec trois activités : la gestion de la transhumance transfrontalière des ressources halieutiques partagées des eaux partagées.

L'article 7 de l'Acte d'adoption de la PAU stipule : les États membres s'engagent à mettre en cohérence leurs politiques pour assurer la réalisation des objectifs de la politique agricole de l'Union comme complément indispensable aux interventions de l'Union.

L'état de mise en œuvre de la PAU indique que l'UEMOA a réalisé deux programmes triennaux. Le premier,

2002-2004 qui a glissé jusqu'en 2008, a été consacré aux actions structurantes permettant la mise en place d'un cadre institutionnel, des instruments de pilotage et de financement, et les principales mesures réglementaires d'orientation de cette politique. Le second programme, 2009-2012, et ses actions s'inscrivent dans le prolongement ou le renforcement des chantiers en cours.

En résumé, 10 programmes ont été mis en œuvre pour l'adaptation des systèmes de production et l'amélioration de l'environnement de la production. Ici, les programmes impliquant une forte GIRE sont :

- le Projet régional de mise en valeur des terres de l'Office du Niger visant à augmenter le rythme et le volume des aménagements hydro-agricoles dans la zone d'intervention au Mali. Il s'agit d'aménager 11 000 ha et d'y installer des agriculteurs ressortissants de l'ensemble des 8 États membres ;

- le Programme spécial régional pour la sécurité alimentaire, réalisé avec l'appui financier de la FAO, qui vise à contribuer à l'amélioration de la sécurité alimentaire et à l'augmentation des revenus des communautés rurales dans les pays membres.

Pour l'approfondissement du marché commun dans le secteur agricole et la gestion des ressources partagées, les activités du secteur de la pêche ont fait l'objet d'un programme spécifique : Programme de développement du secteur de la pêche.

Les perspectives d'évolution de la PAU concernent : la production de semences améliorées, l'amélioration de l'agriculture familiale, la maitrise de l'eau et l'intensification de l'agriculture (dans la perspective d'une meilleure utilisation des ressources en eau, la valorisation des potentiels nationaux sera privilégiée en tenant compte des avantages comparatifs des pays et des plans d'action nationaux d'adaptation au changement climatique), la préparation de la sous-région à faire face aux aléas climatiques et aux déficits céréaliers ; la mise en place d'un programme de formation agricole adapte ; la mise en place d'un dispositif de suivi-évaluation pour renseigner les acquis et les insuffisances de la PAU.

La dimension régionale de la GIRE revêt une grande importance pour le Niger qui a en partage avec ses pairs africains le fleuve Niger et ses affluents, et le lac Tchad.

Les enjeux multidimensionnels des ressources en eau partagées ont imposé la création d'institutions intergouvernementales qui élaborent et mettent en œuvre des programmes communautaires autour de ces cours d'eau.

3.4. Les politiques des organisations spécialisées

3.4.1. Les Initiatives Vision Partagée de l'Autorité du Bassin du Niger

La Vision Partagée constitue le nouveau cadre d'intervention de l'Autorité du Bassin du Niger (ABN).

La Vision Partagée est une vision d'ensemble du développement du bassin, négociée et acceptée par l'ensemble des États membres et les autres acteurs, usagers des ressources du bassin.

Souhaitée par les États membres, elle a pour vocation de favoriser la compréhension, de renforcer la coopération entre les États et de générer le plus grand nombre possible d'avantages pour l'ensemble des États membres.

Elle permettra, à terme, d'adopter des instruments de coopération fiables et solides en vue du partage des bénéfices et des coûts.

Les objectifs poursuivis par la Vision Partagée consistent à :

- élaborer sur une base participative et consensuelle et mettre en œuvre à l'échelle du bassin un cadre stratégique de développement intégré : le Plan d'Action de Développement Durable (PADD) ;
- renforcer le cadre juridique et institutionnel existant, propice au dialogue et à la concertation pour l'action coopérative entre les États membres de l'ABN ;
- développer les ressources en eau de manière durable et équitable afin de promouvoir la prospérité, la sécurité et la paix entre les populations du bassin du Niger.

Ce cadre d'intervention a défini un Plan d'Action de Développement Durable à l'horizon 2025 assorti d'un programme et de projets d'investissement.

Le Plan d'Action de Développement Durable du Bassin du Niger (PADD) constitue le document stratégique de référence qui définit et oriente le processus de développement intégré et partagé par les pays membres de l'Autorité du Bassin du Niger.

Sa formulation est guidée par l'énoncé de la Vision Partagée, adopté par la session extraordinaire du Conseil des ministres de l'ABN tenue à Abuja en mai 2005 à savoir : « **Le Bassin du Niger, un espace commun de développement durable par une gestion intégrée des ressources en eau et des écosystèmes associés, pour l'amélioration**

des conditions de vie et la prospérité des populations à l'horizon 2025. »

Les domaines prioritaires du PADD sont :

- la conservation des écosystèmes du bassin,
- le développement des infrastructures socio- économiques,
- le renforcement des capacités des acteurs.

L'élaboration du PADD inclut un bilan-diagnostic et l'élaboration du Schéma Directeur d'Aménagement et de Gestion du Bassin.

Le bilan-diagnostic présente l'état des lieux et les tendances observées, les contraintes et les opportunités de développement ainsi que les autres initiatives et programmes internationaux, régionaux et sous-régionaux.

Le Schéma Directeur traite les orientations et principes pour un développement durable, les justifications et les priorités de développement à l'échelle du bassin, l'analyse et la hiérarchisa-tion des priorités et les aspects institutionnels de mise en œuvre du PADD.

Le PADD vise les objectifs suivants :

- Formuler un plan d'action (diagnostic et schéma directeur d'aménagement et de gestion du bassin) pour accompagner le développement durable du bassin du Niger ;
- Donner un contenu concret aux principes de la « Déclaration de Paris » en tenant compte notamment de la dimension géopolitique, des priorités des pays membres et du principe de subsidiarité ;
- Traduire la Vision Partagée à l'horizon 2025 en actions concrètes pour lutter contre la pauvreté, protéger l'environnement du bassin du Niger et

renforcer la coopération entre les pays membres de l'ABN ;

- Assurer une participation responsable et durable de la société civile et des acteurs privés des pays membres de l'ABN à la mise en œuvre de la Vision Partagée.

Le document du PADD intègre plusieurs actions qui sont portées par d'autres programmes et projets en cours d'exécution et/ou de planification. Ces actions devront y être intégrées au fur et à mesure que les résultats de ces programmes et projets seront disponibles. Ces actions sont :

- le Schéma Directeur du Programme de Lutte Contre l'Ensablement dans le Bassin du Niger (BAD-ABN),
- le Plan d'Actions Stratégiques du Projet Inversion des Tendances à la Dégradation des Terres et des Eaux (FEM/ABN),
- Le Programme de développement des Ressources en Eau et de Gestion Durable des Ecosystèmes (BM-ABN),
- Le projet Niger-Hycos (AFD-ABN).

L'ABN est une organisation intergouvernementale chargée de promouvoir la coopération entre les États membres et de contribuer à l'amélioration des conditions de vie des populations du bassin par la gestion durable des ressources en eau et des écosystèmes associés.

Créée le 3 décembre 1980 à Faranah en Guinée, l'ABN ambitionne d'être reconnue comme un organisme de bassin innovant et transparent, apprécié pour ses capacités à renforcer la solidarité entre les États membres et à générer des bénéfices partagés entre les populations, grâce à un personnel performant et à des moyens financiers adéquats.

Son siège est à Niamey.

Son cadre institutionnel est constitué par les organes permanents de l'Autorité du Bassin du Niger qui sont :

- Le Sommet des Chefs d'État et de Gouvernement,
- Le Conseil des Ministres,
- Le Comité Technique des Experts,
- Le Secrétariat Exécutif.

Les objectifs poursuivis par cette organisation intergouvernementale sont :

- l'harmonisation et la coordination des politiques nationales d'aménagement afin de s'assurer d'un partage équitable des eaux entre les États membres ;
- la mise en œuvre et le suivi d'une politique régionale coordonnée et rationnelle de l'utilisation des eaux superficielles et souterraines ;
- la formulation de plans, la construction, l'exploitation et l'entretien d'ouvrages et de projets réalisés dans le cadre de l'objectif général de développement intégré du Bassin.

Pour la mise en œuvre de la Convention, l'ABN a promu la constitution dans chacun des 9 États membres, entre les organisations d'usagers des ressources naturelles de la portion nationale du bassin du Niger, d'une Coordination Nationale, en tant que cadre de concertation et de mobilisation sociale.

Les coordinations sont régies par les lois nationales de chaque pays portant sur les associations.

Le dispositif mis en place par la Convention portant création de l'ABN a été renforcé par la Charte de l'eau du

Bassin du Niger, ainsi que par sa première Annexe relative à l'environnement.

Les États membres sont : le Burkina, le Bénin, le Cameroun, la Côte d'Ivoire, la Guinée, le Mali, le Niger, le Nigeria et le Tchad. Ils constituent une population estimée à 150 millions d'habitants en 2012.

3.4.2. Le Programme d'Action Stratégique pour le Bassin du Lac Tchad

Ce Programme est mis en œuvre par la Commission du Bassin du Lac Tchad (CBLT).

C'est une structure permanente de concertation mise en place afin de coordonner les actions des différents états pouvant utiliser les eaux du bassin du lac Tchad et régler pacifiquement les problèmes et différends affectant cette zone.

La CBLT a vu le jour le 22 mai 1964, lorsque les chefs d'État des pays riverains du lac, à savoir Le Niger, le Nigeria, le Tchad et le Cameroun, décidèrent par la Convention de Fort-Lamy (aujourd'hui N'Djamena), de mettre en place une structure permanente de concertation appelée « Commission du bassin du lac Tchad ». En 1999, un cinquième membre se joignit à la Commission, la République Centrafricaine. La Libye a adhéré en 2008, suivie du Soudan et de l'Algérie.

La CBLT a été créée, à l'image de l'ABN, pour exploiter les ressources en eau du Lac Tchad. Son siège est à N'Djamena au Tchad.

La Convention portant création de la CBLT a été enrichie par la **Charte de l'eau du Bassin du Lac Tchad**, adoptée lors du 14e Sommet ordinaire des Chefs d'État et de

Gouvernement de la Commission du Bassin du Lac Tchad, tenu le 30 avril 2012 à N'Djamena.

Le Programme d'Action Stratégique (PAS) résulte des leçons apprises du Projet CBLT/FEM « Inversion des Tendances à la Dégradation des Terres et des Eaux dans l'Ecosystème du Bassin du Lac Tchad ».

Le PAS traite principalement des sept problèmes environnementaux régionaux prioritaires identifiés dans l'Analyse Diagnostique Transfrontalière, à savoir :

- la variabilité du régime hydrologique et de la disponibilité des eaux douces,
- la pollution de l'eau,
- la diminution de la viabilité des ressources biologiques,
- la perte de la biodiversité,
- la perte et la modification des écosystèmes,
- la sédimentation dans les fleuves et plans d'eau et les espèces envahissantes.

Le PAS applique les principes de la gestion environnementale et de la coopération énonce une vision à long terme pour le développement durable du bassin du lac Tchad, note les défis de la gestion intégrée et durable dudit bassin, fixe les Objectifs des ressources en eau et de l'environnement régionalement convenus et leurs indicateurs pour les secteurs prioritaires et les problèmes environnementaux dans un contexte transfrontalier, et définit un ensemble de cibles et d'interventions pour atteindre ces objectifs.

Les objectifs du PAS sont :

- Amélioration de la quantité et de la qualité des eaux du Bassin du Lac Tchad ;

- Restauration, conservation et utilisation durable des ressources naturelles du Bassin du Lac Tchad ;
- Conservation de la biodiversité dans le Bassin du Lac Tchad ;
- Restauration et conservation des écosystèmes du Bassin du Lac Tchad ;
- Renforcement de la participation et des capacités des parties prenantes ainsi que du cadre juridique et institutionnel pour la gestion durable de l'environnement du Bassin du Lac Tchad.

Le PAS est un document cadre de politique régionale. Les États membres ont défini une vision à long terme du bassin du lac Tchad, qui est une représentation claire des caractéristiques désirées pour l'environnement futur.

Le PAS complète les Programmes d'Action Nationaux et identifie clairement les cibles et les interventions en vue de définir des actions d'investissement prioritaires à présenter à la communauté internationale.

La CBLT a adopté un Schéma Directeur, dont les objectifs sont notamment de :

- accroître la disponibilité des ressources en eau et favoriser leur utilisation rationnelle, y compris l'évaluation socio-économique des projets liés à l'eau ;
- éviter l'érosion du sol et améliorer sa fertilité ;
- maintenir et améliorer la couverture végétale et la valeur nutritive des zones de pâturage à travers la gestion saine du bétail.

3.4.3. Stratégie de développement de la région du Liptako Gourma

Cette stratégie est mise en œuvre par l'Autorité de Développement intégré de la région du Liptako-Gourma (ALG).

L'ALG a été créée par le Protocole d'Accord signé le 3 décembre 1970 par le Burkina Faso, le Mali et le Niger, révisé le 16 décembre 2000.

Son but est de promouvoir en commun, dans un cadre régional, la mise en valeur des ressources minières, énergétiques, hydrauliques, agropastorales et piscicoles dans la région du Liptako Gourma.

Les organes de l 'ALG sont :

- La Conférence des Chefs d'État (Organe d'orientation),
- Le Conseil des Ministres (Organe de décision et de contrôle),
- La Direction Générale (Organe d'exécution).

Les structures d'appui se composent de :

- 9 Correspondants nationaux,
- 9 Comités nationaux de suivi des activités,
- 9 Comités spécialisés.

La stratégie de développement a pour objectif global la lutte contre la pauvreté.

Les objectifs spécifiques recherchés englobent la sécurité alimentaire, le désenclavement, la protection de l'environnement et le développement social.

Il s'agit de :

- fournir en quantité suffisante et aussi près que possible des lieux d'habitation de l'eau potable aux populations ;
- contribuer au développement de l'irrigation, de l'élevage, de l'énergie hydro-électrique et de l'industrie ;
- contribuer à la lutte contre la désertification.

Ses axes d'intervention sont :

- l'évaluation des ressources en eau et la planification de leur utilisation ;

- l'exploitation des nappes souterraines et l'aménagement des cours d'eau saisonniers ;

- la contribution à la réalisation de grands ouvrages régulateurs à buts multiples sur le Moyen-Niger ;

- l'exécution d'actions visant la conservation des eaux et des sols.

Ses mesures et principes consistent à :

- obtenir l'adhésion des collectivités rurales aux projets, notamment leur participation au choix du type d'ouvrage, aux travaux et à l'entretien des ouvrages ;
- évaluer les risques sanitaires et l'impact des projets sur l'environnement et prévoir les mesures tendant à minimiser les effets négatifs ;
- chercher à corriger les disparités existant entre régions ou entre entités administratives en matière de création de points d'eau ;
- privilégier autant que possible les réhabilitations d'ouvrages et chercher à rentabiliser les ouvrages existants sous-exploités ;
- promouvoir l'utilisation des énergies renouvelables (énergie solaire en particulier) pour l'exhaure ;

- inclure dans les projets et programmes un volet relatif à la formation et un volet relatif au crédit ;
- associer autant que possible les divers intervenants aux différentes phases des projets ;
- développer le partenariat avec les organisations intergouvernementales africaines en vue de l'élaboration, de la recherche de financement et de l'exécution de projets relatifs à la mise en valeur de ressources en eau partagées et en vue de la rationalisation des moyens et méthodes d'intervention dans le secteur.

Les actions de développement mises en œuvre sont :

- Projet d'aménagements hydro-agricoles dans la région du Liptako-Gourma (3 phases)
- Projet de protection et d'aménagement du bassin versant du Moyen-Niger
- Programme régional de mobilisation des eaux de surface et d'hydraulique agricole
- Programme d'hydraulique ALG (2 phases)
- Programme de navigation fluviale.

Les moyens d'intervention de l'ALG sont constitués de ressources propres et de ressources externes ; les ressources propres distinguent :

- Les fonds de développement,
- Les cotisations des États membres,
- Les contributions des États au financement des projets.

Les ressources externes proviennent :

- Des Organismes de financement africains,
- Du Fonds Arabe de Développement (FAD),

- Des Fonds bilatéraux de coopération et d'organismes de financement internationaux.

3.4.4. Les initiatives du CILSS

Dans les années 70, des sécheresses avec leur corollaire, la famine, ont marqué des pays situés au sud du Sahara. En réaction à ces vagues de sécheresse, les États de la région sahélienne ont depuis lors placé l'approvisionnement en eau potable des populations rurales au centre de leurs priorités politiques et ils ont créé le CILSS pour mieux agir ensemble.

Le CILSS a été créé le 12 septembre 1973. Il regroupe de nos jours treize États membres dont : 8 États côtiers (Bénin, Côte d'Ivoire, Gambie, Guinée, Guinée-Bissau, Mauritanie, Sénégal, Togo), 4 États enclavés (Burkina Faso, Mali, Niger, Tchad) et 1 État insulaire (Cap Vert).

L'organisation structurelle du CILSS distingue trois entités :

- Le Secrétariat général basé à Ouagadougou,
- L'institut du Sahel à Bamako,
- Le Centre régional AGRHYMET à Niamey.

Le CILSS anime depuis plus de 30 ans un dispositif de veille sur la sécurité alimentaire en Afrique de l'Ouest, destiné à prévoir les récoltes, consolider les bilans alimentaires, suivre les prix et les marchés, identifier les zones à risque alimentaire et informer plus généralement sur les mesures pour faire face aux différentes situations annuelles de déficit ou d'excédent.

Il met à la disposition des acteurs publics et privés une base de données récapitulant des séries longues sur la production agricole, les précipitations, l'hydrologie.

Les 9 pays du Sahel ne comptent au total que 20 grands barrages sur les 110 recensés dans l'ensemble des 16 pays de l'Afrique de l'Ouest. Dans cet espace CILSS, seulement 3 % des terres arables sont irriguées.

Le CILSS a initié des approches novatrices en matière d'approvisionnement en eau potable et d'assainissement en milieu rural par l'utilisation de la technologie solaire photovoltaïque appliquée au pompage d'eau souterraine, à travers le fameux Programme Régional Solaire (PRS) dont les résultats sont de nos jours très encourageants.

Le CILSS mène des travaux qui se répartissent en 5 pôles de services :

- **Appui à la définition et à la mise en œuvre des politi-ques sectorielles relatives à son mandat**

Le CILSS s'investit principalement sur les politiques suivantes dans l'espace CEDEAO :

- stratégies nationales de sécurité alimentaire,
- plans d'action nationaux de lutte contre la désertification,
- stratégies nationales pour les énergies domestiques.

Il abrite en outre le Secrétariat technique du Conseil régional de sécurité alimentaire en Afrique de l'Ouest et participe à la définition des actions des piliers 1 et 3 du Programme détaillé de développement de l'agriculture africaine (PDDAA) du NEPAD.

- Formations de base et continues

Le Centre Régional AGRHYMET a développé un panel complet de formations de courte, moyenne et longue durée au bénéfice principalement des services techniques des États membres :

- Formations d'ingénieurs et de techniciens supérieurs en trois ans dans les domaines suivants : agro-météorologie, protection des cultures, informatique appliquée ;
- Masters (1 an) sur les sujets suivants : gestion concertée des ressources naturelles, adaptation de l'agriculture au changement climatique, protection durable des cultures ;
- Formations continues : sécurité alimentaire, systèmes d'information, gestion des ressources naturelles ;
- Formations auprès des services nationaux des pays de la CEDEAO : sur le montage de systèmes d'information agricole et sur la lutte contre les ravageurs des cultures.
- **Information**

Le CILSS mène pour le compte de la CEDEAO la construction de deux systèmes d'information sur l'agriculture et les ressources naturelles en Afrique de l'Ouest : AGRIS (Agricultural information system) et SIVE (Système d'information et de veille environnementale).

Les informations produites par le CILSS sont diffusées à travers une série de bulletins et des bases de données tous accessibles en ligne.

- **Recherche et capitalisation**

Le CILSS mène régulièrement des études de fond sur des thèmes liés à la sécurité alimentaire, la gestion des ressources naturelles, les liens entre population et développement.

L'Institut du Sahel à Bamako est spécialisé dans cette fonction. Il a publié récemment des études sur les causes de la malnutrition au Sahel et s'investit dans une série d'études concernant l'aval des filières vivrières.

Le CILSS apporte également son appui scientifique aux études « Sahel » qui renseignent sur les retours sur investissement des actions de gestion des ressources naturelles au Sénégal, au Mali, au Burkina Faso et au Niger.

Le Centre AGRHYMET produit une abondante littérature scientifique tous les ans à travers les mémoires de ses étudiants.

Il s'investit dans un vaste programme régional de gestion durable des terres et va développer des programmes régionaux sur les thématiques du foncier, de la transhumance, des marchés à bétail ou encore de la pêche continentale.

Il dispose d'une expertise en conception de projets et programmes qu'il peut mettre à la disposition des États et de leurs partenaires.

Il est engagé plus fermement dans la maîtrise de l'eau et en a fait un des axes principaux de sa stratégie 2020.

Dans le cadre de cette démarche régionale, il a formulé deux initiatives majeures :

- un Programme Régional d'Appui au développement de la Petite Irrigation au Sahel (PRADPIS) ;
- un Programme Régional sur les pluies provoquées (APENS).

Il entend par ailleurs poursuivre la promotion de la technologie solaire photovoltaïque bien adaptée, d'une part, pour l'amélioration de l'accès à l'eau potable des populations des zones rurales et périurbaines démunies et, d'autre part, pour la protection de l'environnement (contre la pollution, les nuisances, les émissions de gaz à effets de serre).

En janvier 2014, le 14e Sommet des chefs d'État et de gouvernement des pays du CILSS, tenu à Nouakchott en

Mauritanie, a pris la résolution de « Maîtriser l'eau pour faire reculer la faim dans le Sahel ».

En exécution de cette directive, le CILSS a organisé une concertation dénommée FORUM-EAU-SAHEL du 27 février au 1 er mars 2006 à Nouakchott.

L'Objectif du Forum était de mobiliser la région et la communauté internationale pour la création de la « Coalition mondiale pour l'eau au Sahel » en vue de faire reculer la faim.

Les grands programmes mis en œuvre par le CILSS sont :

- **Le Programme Régional Sécurité alimentaire, Lutte Contre la Désertification, Population et Développement (PRA/SA/LCD/POP-DEV)** qui œuvre afin que : les Sahéliens disposent d'une meilleure sécurité alimentaire et gèrent mieux les ressources humaines. Le CILSS exerce une autorité dans les domaines de la sécurité alimentaire, la lutte contre la désertification, la gestion des ressources naturelles, de la population et du développement ; et la Maîtrise de l'eau aux plans sous-régional et international.
- **Le Programme Régional Accès aux Marchés** qui agit pour que les Sahéliens disposent de marchés nationaux et régionaux dynamiques, fluides et intégrés pour les échanges des produits agricoles et agro-alimentaires.
- **Le Programme Régional Maîtrise de l'EAU (PRA/EAU)** qui se déploie en faveur de la maîtrise de l'eau pour l'amélioration des conditions de vie des Sahéliens.

4

Vision africaine de l'eau et situation socioéconomique de l'Afrique de l'ouest

4.1. Appréciation du contexte socioéconomique

Comme nous l'avons déjà affirmé en introduction, la vision africaine de l'eau rêve d'un continent où une GIRE équitable a servi à la réduction de la pauvreté, au développement socio-économique, à la durabilité environnementale et à la coopération régionale.

38 ans après la première conférence des Nations Unies sur l'eau, tenue en 1977 à Mar Del Plata en Argentine, et 23 ans après celle sur l'eau et l'environnement tenue en janvier 1992 à Dublin en Écosse, prélude au sommet de la terre à Rio de Janairo, le développement économique et social en Afrique est peu appréciable.

À la veille de la date butoir des OMD, la situation socioéconomique du continent est très en deçà de la moyenne, selon l'indice annuel 2014 sur la gouvernance en Afrique publié le 29 septembre par la Fondation Mo Ibrahim ; la note globale de l'Afrique est estimée à 45,6 points sur 100.

L'indice Mo Ibrahim est un instrument appréciatif des efforts fournis par les pays en matière de bonne gouvernance. En utilisant 95 critères pour juger la gouvernance, cet indice rend mieux compte du développement économique, social et environnemental en Afrique. Il a la particularité de juger les États sur leurs progrès dans les domaines de la démocratie (état de droit, droits de l'homme, participation citoyenne) et la sécurité intérieure. Il est pertinent en ce qu'il intègre une appréciation de la durabilité environnementale. Il est plus complet que l'indice du développement humain utilisé par le PNUD.

Le tableau suivant présente les moyennes régionales et celles continentales selon les quatre rubriques appréciatives.

Régions	Sécu/ ED	P / Droits	Dév. éco	Dév.hum	Moyenne
A. Aust	62,8	59,1	52,3	62,9	59,3
A.Cent	40,6	37,6	35,7	51,8	41,4
A.Est	47,8	46,4	43,2	56,6	48,5
A.Ouest	53,4	54,0	45,2	56,3	52,2
A.Nord	47,0	43,7	50,9	69,7	52,8
Globale	51,7	49,9	45,6	58,7	51,5

Comme l'indiquent les notes, l'Afrique est une élève passable en Sécurité / état de droit et en Participation et droits de l'homme ; elle est médiocre en Développement économique durable et pas mal en Développement humain.

On peut dire que le continent africain progresse globalement, grâce notamment aux bonnes performances dans les domaines de développement humain et de la participation des populations à la vie politique, avec une note globale de 51,5 points sur 100.

Le classement par pays, attribue la meilleure note à l'Ile-Maurice (81,7 sur 100) et la plus faible note à la Somalie (8,6 sur 100).

Avec une moyenne globale de 51,5 sur 100, l'Afrique enregistre 1,5 point au-dessus de la moyenne.

Cependant, il est déplorable que sur les 52 États considérés, seulement 27 pays ont eu la moyenne. L'intervalle de la bonne gouvernance commence par l'Ile Maurice (1er avec une note de 81,7) et termine par le Gabon 27e avec une note de 51,0 sur 100.

Le groupe des mauvais élèves de la gouvernance commence par le Mali (28e avec 49,5 points) et termine par la Somalie, 52e avec 8,6 points sur 100.

L'indice Ibrahim de la gouvernance africaine (IIAG) encourage la bonne gouvernance et le leadership afin d'accélérer le changement transformationnel du continent.

Pour chaque pays pris à part, il peut y avoir des améliorations mais aussi des régressions.

Dans cette configuration, l'Afrique de l'Ouest est faible en développement économique durable avec une note de 45,2/100, mais bonne en gouvernance du développement humain avec une note de 56,3. Sa moyenne globale en gouvernance est de 52,2 sur 100.

Au niveau de la Communauté Économique des États de l'Afrique de l'Ouest (CEDEAO), c'est le Cap Vert qui a réalisé le meilleur score ; il est 1er de la région (2e en Afrique) avec 76,6 points sur 100.

Le dernier au classement est la Guinée-Bissau, 15e sur 15 (48e en Afrique) avec un score de 33,2 points sur 100.

Le tableau suivant donne le classement des pays de l'Afrique de l'ouest, suivant la note globale obtenue par chacun pour la gouvernance du développement appréciée suivants les 4 grands agrégats que sont : Sécurité et état de droit (dont les éléments appréciatifs sont l'État de droit, la responsabilité, la sécurité individuelle, la sécurité nationale) ; Participation et droits de l'homme (participation, droits, parité) ; Développement économique durable (gestion publique, environnement des entreprises, infrastructures, secteur agricole) ; Développement humain (protection sociale, éducation, santé).

Classement des pays de la CEDEAO en 2014 à l'IIAG

Rang	Pays	Score	Évolution 2009/2014
1	Cap vert	76,6	1,3
2	Ghana	68,2	1,6
3	Sénégal	64,3	4,6
4	Bénin	56,7	-3,5
5	Burkina Faso	53,3	-1,7
6	Gambie	51,6	-0,9
7	Sierra Leone	51,1	3,9
8	Mali	49,9	-5,7
9	Niger	49,4	5,5
10	Libéria	49,3	3,4
11	Togo	46,4	2,8
12	Nigeria	45,8	0,6
13	Côte d'Ivoire	44,3	7,8
14	Guinée	43,3	6,5
15	Guinée-Bissau	33,2	-6,8

Comme le montre le tableau, sur les 15 États de la CEDEAO, seulement 7 ont eu la moyenne en bonne gouvernance.

Pour mieux apprécier la mise en œuvre des politiques et stratégie de développement en Afrique de l'Ouest, nous donnons ci-après une vue synoptique de l'évolution des résultats nationaux en gouvernance économique durable pour les cinq années antérieures (2009 – 2013).

Pays	2009	2010	2011	2012	2013
Cap vert	61.0	61.3	61.5	61.8	63.1
Ghana	55.4	54.1	54.5	54.3	53.6
Sénégal	57.0	55.0	54.0	55.5	56.7
Bénin	50.7	52.2	50.8	49.5	47.0
Burkina F	55.5	55.0	53.2	52.0	51.0
Gambie	53.5	54.5	54.4	57.1	54.2
Sierra Leo	41.1	41.4	40.8	41.4	41.6
Mali	51.0	48.1	50.7	51.3	51.8
Niger	42.0	42.9	43.4	41.7	40.9
Libéria	32.0	37.5	38.4	38.5	36.8
Togo	30.4	31.9	29.5	32.6	32.8
Nigeria	40.5	38.5	39.7	41.0	43.3
Côte d'Iv	42.5	41.4	42.3	42.4	43.5
Guinée	34.9	33.5	35.0	34.7	35.9
Guinée-Bi	30.1	30.4	30.6	28.4	25.7

Si la gestion de l'eau est considérée comme le vecteur de la gouvernance économique durable, les meilleurs élèves de la classe CEDEAO (ceux qui ont toujours obtenu une note supérieure à la moyenne) sont : le Cap Vert, le Sénégal, le Ghana, la Gambie et le Burkina Faso.

La gouvernance économique durable regroupe quatre indicateurs avec leurs éléments constitutifs : **Gestion publique** (Capacités statistiques, administration publique, diversification, réserves, gestion budgétaire, ratio des recettes budgétaires, politique budgétaire, ratio du service de la dette extérieure sur les exports, perception des recettes, accès aux pièces comptables des entreprises publiques) ; **environnement des entreprises** (Environnement concurrentiel, climat d'investissement, climat d'investissement dans le secteur agricole, développement des services financiers ruraux, bureaucratie et formalités administratives, régime douanier, solidité des banques) ; **Infrastructures** (Fiabilité du réseau électronique, qualité du réseau routier, réseau ferroviaire, transport aérien, réseau téléphonique et infrastructures des télécommunications internationales, couverture numérique, accès à l'eau) ; **Secteur rural** (Allocation et gestion des ressources publiques en faveur du développement agricole et rural, accès au foncier et aux ressources en eau des populations rurales à faible revenu, recherche agricole et services de vulgarisation, accès aux intrants agricoles et aux marchés des produits agricoles, environnement politique et juridique dans les organisations rurales, impact des politiques agricoles).

4.2. La mission hydraulique de la CEDEAO : entre coopération internationale et choix budgétaires nationaux

La notion de mission hydraulique est dérivée de l'expérience du monde industrialisé. Elle n'est pas une simple étape dans le processus de développement et des contextes socioéconomiques ou hydrologiques qui peuvent appeler à des opérationnalisations variées. Correspondant à la mise en valeur des ressources en eau dans le cadre d'un contrat entre gouvernements et populations, cette mission est menée en Afrique de l'Ouest par deux types d'organes inter gouvernements : des organes politiques (le Secrétariat Exécutif de la CEDEAO et la Commission de l'UEMOA) et des organes techniques que sont les organismes de bassin.

Bien qu'il existe plusieurs cadres d'intervention et de pôles de conception d'actions de mise en valeur des ressources hydriques, la mission hydraulique ouest africaine s'exerce à toutes les échelles géographiques avec les mêmes dispositions et vise les mêmes objectifs.

En décembre 2000, la conférence des Chefs d'État et de gouvernement de la CEDEAO a adopté à Bamako (Mali), le Plan d'action régional de gestion intégrée des ressources en eau (PARGIRE/AO). Quinze ans après, la situation n'est pas reluisante bien que des progrès notables sont enregistrés. Le manque de ressources financières pour le financement des projets en serait la cause. On se rappelle que la Déclaration de Dakar en mai 2014 de l'AMCOW, appelle à s'atteler au déficit infrastructurel permanent et persistant de l'Afrique, pour corroborer cette allégation…

La mise en œuvre des politiques et les stratégies communautaires et des programmes d'action des organismes de bassin dépendent quasiment de l'aide accordée par les institutions de coopération multilatérale (Banque Mondiale, Union Européenne, Banque Africaine de Développement) et dans une certaine mesure, de la coopération bilatérale (USA, Japon, France, Allemagne, Italie, Royaume Uni, Belgique, Norvège...). La contribution des États membres au financement des projets, aussi bien de la communauté économique que ceux des organismes de bassin, est tellement petite que des projets en cours de réalisation sont quelques fois mis en veilleuse en attendant que l'argent promis par les PTF (partenaires techniques et financiers) tombent dans les caisses ouest africaines. Ainsi, des projets de 5 ans glissent jusqu'à 7 ans ou plus...

Il est surprenant de savoir que les contributions des États ne dépassent guère 12 % des budgets annuels des organisations intergouvernementales ouest africaines. Le plus incorrect encore est que certains États accusent des retards ou accumulent des arriérés de contributions pour l'action communautaire.

On peut affirmer avec preuves à l'appui que le problème d'accès à l'eau résulte aussi de l'inconséquence des lois des finances nationales. Il est absurde de souligner partout que « l'eau est source de vie » et de ne pas affecter à l'eau les ressources budgétaires nécessaires pour qu'elle s'offre à tout le monde. Donc, en sus du manque de ressources financières pour réaliser les infrastructures qu'il faut, la GIRE subit un manque d'intelligence économique en Afrique de l'Ouest. Ce qui est encore plus marrant, certains pays de la CEDEAO (comme le Niger – en proie à une sécheresse, une année sur deux) n'ont pas encore élaboré leur plan d'action national de GIRE, 15 ans après l'adoption du PARGIRE/

AO qui a donné le top départ de la mise en œuvre au niveau de chaque État d'un Plan d'action national de l'eau.

Pour multiplier les investissements dans le secteur eau, l'IRC (international water and sanitation centre) a produit en 2006 pour la CEDEAO, un guide de financement pour l'eau. Ce guide est destiné aux organisations ouest africaines à la recherche d'aides et ou de prêts bonifiés pour financer des projets et programmes portant sur l'eau et l'assainissement, la GIRE, la gestion des eaux usées et l'irrigation. Ce guide offre des informations significatives spécifiques au contexte, met en évidence les mécanismes de financement auprès desquels les organisations basées en Afrique de l'Ouest peuvent postuler. Le cadrage du guide réduit le choix aux sources de financement adéquates pour les populations et les organisations intervenant dans le secteur de l'eau, de nature publique ou privée, ou les acteurs de la société civile. L'IRC fournit des informations sur plus de 650 organisations et réseaux intervenant dans le secteur de l'eau concernant les pays en développement.

Soutenant le financement de l'eau en Afrique de l'Ouest, l'UICN et le Partenariat régional de l'eau pour l'Afrique de l'Ouest, ont initié depuis 2007, un atelier tournant visant à sensibiliser, par les journalistes ouest africains, tous les acteurs de l'eau sur la nécessité de participer au financement de la préservation et de la protection de l'eau. Le slogan de cette initiative est : si l'eau, c'est la vie, protéger cette ressource relève d'une obligation collective.

4.3. L'intervention de la Banque Africaine de Développement (BAD)

La politique de la BAD concernant la GIRE repose sur deux principes : l'eau doit être considérée comme un bien économique, social et environnemental ; les politiques et orientations guidant la GIRE doivent être étudiées dans un cadre intégré.

L'objectif visé est de favoriser un développement efficace, équitable et durable, grâce à une GIRE.

Pour cette banque continentale, le développement, la gestion et l'affectation des ressources en eau dans les pays membres régionaux devraient obéir à ces principes de base et viser cet objectif.

En vertu de ces principes et pour atteindre l'objectif visé, un certain nombre de stratégies ont été définies. Elles concernent ou ont pour origine les sphères d'influence économique, sociale et environnementale, l'infrastructure technique et le cadre institutionnel.

La BAD insiste particulièrement sur la nécessité de la participation du secteur privé à la GIRE. Le rôle de ce secteur dans la gestion des ressources en eau en Afrique est jugé minimal en raison de l'absence d'un cadre propice de régulation et d'incitation approprié. La vision africaine, comme évoquée plus haut, a identifié les principaux défis à relever par les pays africains d'ici 2025. Les premières estimations indiquent qu'il faudra un montant de 20 milliards de dollars par an au minimum pour répondre à ces défis. Il est clair que les exigences financières sont beaucoup plus élevées que l'apport que l'on peut attendre des gouvernements des pays régionaux et la contribution des bailleurs de fonds. La mobilisation effective du secteur privé à l'échelon national et international est donc essentielle si l'on tient à atteindre les objectifs fixés. Outre les ressources financières, le secteur privé peut aussi fournir des compétences techniques et ou administratives, une efficacité économique plus grande avec moins d'influence politique et une meilleure appréciation du consommateur de l'eau.

Dans le droit fil de la priorité accordée aux questions relatives à l'eau, la BAD est la première source de financement de l'eau en Afrique. Elle a joué un rôle de premier plan dans la collaboration avec le Partenariat global de l'eau, l'Unité de Vision mondiale de l'eau et la Banque Mondiale pour la définition de la vision africaine de l'eau. Son cadre d'action pour la transformation de la situation englobe toutes les mesures relatives à l'utilisation des bassins hydrographiques, la réforme et le renforcement institutionnels, la promotion de la coopération, la libéralisation des marchés de l'eau, les systèmes de collecte, de gestion et de diffusion des données, l'équité du genre, la bonne gouvernance et bien évidemment la mobilisation de ressources pour un investissement louable dans le secteur de l'eau.

4.4. L'intervention de la Banque d'investissement et de développement de la CEDEAO (BIDC)

Beaucoup moins active que la BAD pour l'eau en Afrique de l'Ouest, la BIDC contribue à la réalisation des objectifs de la communauté en accompagnant les projets de création d'infrastructures d'intégration régionale et les projets publics et privés des domaines de la réduction de la pauvreté ; de l'environnement et des ressources naturelles, de l'énergie, de l'industrie, des services, des télécommunications et des transports.

Cette institution financière internationale créée par les 15 États membres de la CEDEAO, comprend un guichet destiné au développement du secteur public et un autre guichet destiné à la promotion du secteur privé.

La BIDC n'a pas de politique spécifique de financement de l'eau ; elle intègre la GIRE dans le financement des projets de gestion environnementale et sociale dont les domaines se rapportant à l'eau concernent la sécurité des barrages et les projets relatifs aux voies d'eau internationales.

4.5. L'intervention de la Banque ouest africaine de développement (BOAD)

Institution commune des États membres de l'Union économique et monétaire ouest africaine (regroupant 8 pays de la CEDEAO), la BOAD dispose depuis 2010 d'une stratégie d'intervention dans les secteurs de l'eau potable et de l'assainissement.

Les objectifs visés par cette stratégie sont : l'amélio-ra-tion de la contribution et des conditions d'intervention de la banque dans les secteurs de l'eau potable et de l'assai-nis-sement en milieux rural et urbain ; l'accompagnement des initiatives des États et du secteur privé dans l'épuration des eaux usées et la gestion des déchets solides ; la priorisation des projets conformes aux politiques nationales de l'eau axées sur la gestion intégrée des ressources en eau ; et la mise en place au sein de la BOAD d'un fonds dédié à l'eau potable et à l'assainissement.

L'espace UEMOA est l'une des régions du monde où l'accès des populations à l'eau potable et à l'assainissement est le plus faible. La stratégie de la BOAD appuie les États à la réalisation des OMD en finançant les investissements structurants dans l'alimentation en eau potable et l'assainissement des communautés de base (infrastructures d'approvisionnement, investissements privés, amélioration de l'environnement de la gestion de l'hydraulique).

Compte tenu de l'importance des ressources à mobiliser pour le financement du secteur de l'eau, la BOAD fait appel au cofinancement avec les bailleurs de fonds internationaux dont nombre sont actionnaires de la banque ouest africaine.

Conclusion

Les politiques économiques, à toutes les échelles, ont suffisamment impliqué la GIRE comme instrument de réalisation des visions de développement. Mais leur efficacité reste à prouver plus que jusqu'à présent 1/6 de la population n'a pas accès à l'eau potable, 7 millions de personnes meurent chaque année de maladies transmises par l'eau, et que 70 % des eaux usées sont déversées sans aucun traitement dans les cours d'eau.

Selon un avis unanime la gestion intégrée des ressources en eau est la voie du développement durable. L'eau fait l'objet de conférences, de forums, de débats, de politiques, de stratégies, de plans, de programmes et de projets parce que c'est une ressource naturelle multifonctionnelle (habitat, aliment, moyen de production, de transport et bien marchand tissant naturellement un vaste réseau de connexions et liée aux autres ressources naturelles) et multidimensionnelle (internationale, régionale, nationale et locale) occupant des échelles de temps et d'espace variées.

Cependant, elle est menacée parce que la croissance démographique, l'urbanisation et l'industrialisation se combinent pour créer une demande en eau toujours plus importante et que les écosystèmes et les milieux producteurs et régénérateurs sont menacés et détruits.

Elle est source de concurrence et de conflits de par son accessibilité lorsque les ressources sont insuffisantes pour couvrir les besoins des différents utilisateurs.

Mais elle est aussi menaçante parce qu'elle cause des sécheresses, des pluies dévastatrices et des inondations.

C'est pour toutes ces raisons, qu'elle doit être soumise à la GIRE.

La GIRE est considérée à l'échelle planétaire comme la solution du problème. Elle doit tenir compte d'une part des intérêts de protection et d'exploitation, d'autre part de toutes les contraintes existantes ainsi que des principaux aspects politiques, juridiques, administratifs, économiques, environnementaux, sociaux et culturels.

Formulée pour la première fois lors de la conférence internationale de Dublin en 1992, la GIRE exige, sur le plan politique de l'action et de la gouvernance, de nouvelles coopérations et des adaptations institutionnelles.

La crise de l'eau est une crise de gouvernance parce que l'eau étant est source de vie, les décideurs politiques ne doivent pas laisser les besoins insatisfaits.

La politique d'action de la GIRE constate que l'eau ne manque pas : elle est simplement mal gérée.

Références bibliographiques

Baron C., Maillefert M. « La gestion de l'eau potable en Afrique francophone : éléments pour une lecture institutionnaliste de l'action collective », Communication au symposium international « Environnement, Régions et ressources stratégiques », Lille (France), juillet 2010.

Catherine BARON et Alain BONNASSIEUX, « les enjeux de l'accès à l'eau en Afrique de l'Ouest : diversité des modes de gouvernance et conflits d'usages », Monde en développement, 2011.

Hugues Dupriez, Philippe De Leener, « Les chemins de l'eau, ruissellement, irrigation, drainage : manuel tropical », Collection Terres et Vie, CTA, Ed. l'Harmattan, 1990.

Sylvie Brunel, « L'Afrique, un continent en réserve de développement », Ed. Bréal.

Elhadj Malick NDIAYE, « le fleuve Sénégal et les barrages de l'OMVS : quels enseignements pour la mise en œuvre du NEPAD ?, VertigO, 2003.

Modibo NIASSE, Alejandro IZA, Amidou GARANE & Olli VARIS, « la gouvernance de l'eau en Afrique de l'Ouest : aspects juridiques et institutionnels », Gland, Suisse et Cambridge, Royaume Uni : IUCN, 2004.

Déclaration de Mar del Plata, adoptée à la Conférence des Nations Unies sur l'eau de Mar Del Plata en 1977.

Déclaration de Dublin (Irlande) sur l'eau et l'environnement du 26 au 31 janvier 1992.

Agenda 21, Chapitre 18, relatif à la Protection des ressources en eau douce et de leur qualité, adopté à Rio de Janeiro (Brésil) le 5 juin 1992, Déclaration de la Conférence internationale sur l'eau et le développement durable tenue du 19 au 21 mars 1998 à Paris, Sustainable development, vol, 13, n° 4, 23 mars 1998.

Objectifs du Millénaire pour le Développement (OMD), septembre 2002.

Déclaration de Rio +20, juin 2012.

Convention Cadre des Nations Unies sur la Diversité Biologique (CDB) du 11 juin 1992.

Convention des Nations Unies sur les Changements Climatiques de Rio de Janeiro (Brésil) du 11 juin 1992.

Convention sur la Lutte contre la désertification du 17 juin 1994.

Inforesources Focus N° 1/03, GIRE – la voie du développement durable.

UICN, Vision mondiale de l'eau et de la nature.

Global Water Partnership, la gestion intégrée des ressources en eau, 2000.

Politique des ressources en eau de l'Afrique de l'Ouest, 19 décembre 2008.

La Facilité Africaine de l'Eau, AMCOW.

La politique agricole de l'UEMOA.

Stratégie 2020 du CILSS.

L'ECOWAP de la CEDEAO.

NEPAD, le Programme détaillé pour le développement de l'agriculture africaine.

Convention révisée portant statuts de L'Autorité de Développement intégré de la région du Liptako Gourma (ALG) du 3 décembre 1970, 14 p.

Convention africaine sur la conservation de la nature et des ressources naturelles, du 11 juillet 2003 de l'Union Africaine.

Acte de Niamey relatif à la navigation et à la coopération économique entre les États du Bassin du Niger du 26 octobre 1963.

Protocole relatif au Fonds de Développement du Bassin du Niger, signé à Faranah, le 21 novembre 1980.

Convention révisée portant création de l'Autorité du Bassin du Niger, Fait à N'Djaména, le 29 octobre 1987.

Charte de l'Eau du Bassin du Niger, adoptée à Niamey, le 30 avril 2008.

Convention portant création de la Commission du Bassin du Lac Tchad et Statut du Bassin du Lac Tchad, signée à Fort Lamy (Tchad), le 22 mai 1964.

Charte de l'Eau du Bassin du Lac Tchad adoptée à N'Djaména, le 30 avril 2012.

Convention portant création de la Commission Mixte Nigéro-Nigériane de Coopération, signée à Niamey le 03 mars 1971.

Déclaration de Ouagadougou du 2 mars 2000, CEDEAO.

Déclaration de Dakar, AMCOW.

Déclaration de Sharm el Sheikh, AMCOW.

BAD, les progrès de l'Afrique en chiffres face aux défis du présent et de l'avenir.

BOAD, la stratégie d'intervention dans les secteurs de l'eau et de l'assainissement.

BIDC, Gestion environnementale et sociale dans le financement des projets.

Bruno Hellendorff, Gestion de l'eau en Afrique de l'Ouest : risques et opportunités, février 2013, Note d'analyse du groupe de recherche et d'information sur la paix et la sécurité.

Table des matières

L'Afrique

aux éditions L'Harmattan

Dernières parutions

SEXUALITÉ (LA) FÉMININE AFRICAINE EN MUTATION
L'exemple du Sénégal
Thiam Awa - Préface d'Amady Aly Dieng
Après *La parole aux négresses*, Awa Thiam aborde, dans ce nouvel ouvrage, la question de la reproduction sociale du côté des femmes, par le biais du marquage du corps, des scarifications, des mutilations sexuelles féminines, de l'habillement, de la coiffure, de la contraception, de l'avortement... et de la sexualité féminine.
(21.00 euros, 208 p.)
ISBN : 978-2-343-03998-5, ISBN EBOOK : 978-2-336-36494-0

SOUS-ESTIMATION DE SOI ET CONTRAINTES AU SUCCÈS
Un agenda d'action pour l'avancement africain
Mukendi Bruno T.
Cet ouvrage discute de la problématique de la sous-estimation de soi et de ses conséquences tant sur le plan de la vie privée que publique. Il examine ensuite des stratégies opérationnelles pour forger un mental de champion et réussir les projets de transformation socioéconomique. Il remet finalement en question les attitudes qui empêchent les Africains de répondre plus efficacement aux défis posés par la globalisation, la pauvreté, la marginalisation et le sous-développement persistant.
(Coll. Points de vue, 32.00 euros, 314 p.)
ISBN : 978-2-343-03314-3, ISBN EBOOK : 978-2-336-36529-9

QUE NE FERAIT-ON PAS POUR DU POGNON !
Essai
Abo Fodjo Kadjo
Que ne ferait-on pas pour du pognon ! est un pamphlet contre une société qui a fait de la quête d'argent un style de vie. Cet outil d'échanges semble aujourd'hui justifier à lui seul les crimes les plus crapuleux et toutes sortes de bassesses. Pour étayer cette thèse, l'auteur organise son essai autour de cinq thématiques : la vie, la dignité, la morale, le pouvoir et la religion. Il veut ainsi montrer que l'argent a corrompu la société jusque dans ses fondements.
(Coll. Harmattan Côte-d'Ivoire, 23.00 euros, 232 p.)
ISBN : 978-2-343-04343-2, ISBN EBOOK : 978-2-336-36652-4

MICRO-ENTREPRISES (LES) EN AFRIQUE DE L'OUEST

Ou le développement par la petite porte

Haïdara Hammou

En Afrique subsaharienne, le développement des micro-entreprises, qui constituent la norme des économies, comme base de croissance, de création de richesses et d'emplois décents, apparaît comme une alternative crédible de développement économique et social. Cela nécessite de sortir des sentiers battus dans les approches du développement et suppose une stratégie globale permettant de faire du secteur privé le vrai moteur de la croissance et du développement.

(Coll. Études africaines, 21.00 euros, 218 p.)

ISBN : 978-2-343-03851-3, ISBN EBOOK : 978-2-336-36814-6

TRANSITIONS DÉMOCRATIQUES EN AFRIQUE DE L'OUEST

Processus constitutionnels, société civile et institutions démocratiques

Sous la direction d'Augustin Loada et Jonathan Wheathey

Cet ouvrage est le fruit d'une recherche comparative portant sur les processus démocratiques en cours au Bénin, au Burkina Faso, au Mali, au Togo, au Niger, au Sénégal et au Ghana. Elle vise à comprendre pourquoi ces sept États d'Afrique de l'Ouest présentent autant de différences en termes de types de régimes alors qu'ils reposent sur des niveaux de développement socio-économique similaires ainsi que sur des processus d'ouverture démocratique et de changement constitutionnel comparables.

(Coll. Études africaines, 28.00 euros, 284 p.)

ISBN : 978-2-343-04865-9, ISBN EBOOK : 978-2-336-36696-8

COOPÉRATION CHINE-AFRIQUE

Impact sur les infrastructures du Cameroun

Tedié Joachim - Préface de Laurent Zang

L'auteur de cet ouvrage tente de mettre en relief les éléments d'une coopération Sud-Sud mutuellement bénéfique entre la Chine et l'Afrique sous le prisme des infrastructures. En s'intéressant de plus près aux facteurs et aux acteurs de la coopération entre la Chine et le Cameroun, sa conclusion semble être que leur dix ans de coopération dans le domaine des infrastructures ont été très fructueux et suscitent plein d'espérance pour l'avenir.

(Coll. Harmattan Cameroun, 19.50 euros, 196 p.)

ISBN : 978-2-343-05102-4, ISBN EBOOK : 978-2-336-36744-6

DE L'ANTÉRIORITÉ DES IDÉES ET INSTITUTIONS POLITIQUES DE L'AFRIQUE PRÉCOLONIALE

Les paradoxes sociopolitiques

Nkoyok Jacqueline

Cet ouvrage met en exergue la nécessité de la prise en compte de l'Afrique dans la fondation et l'évolution de la pensée politique contemporaine. Pour renforcer la citoyenneté africaine, il faut une capacité d'organisation qui associe les idées panafricanistes de la négritude rénovée, c'est-à-dire une négritude qui s'éloigne des approches de victimisation et qui se fonde sur des thèmes mobilisateurs.

(Coll. Harmattan Cameroun, 26.00 euros, 260 p.)

ISBN : 978-2-343-04475-0, ISBN EBOOK : 978-2-336-36708-8

COLONISATIONS ET SOCIÉTÉ CIVILE EN AFRIQUE
Kouassi Yao-Edmond - Préface d'Abou Karamoko
L'étude de l'Afrique a sans nul doute partie liée à la reconstruction entreprise par Habermas pour expliquer, par la métaphore de la colonisation du monde vécu, l'érosion de la culture, de la société et de la personnalité, les trois composantes cardinales du monde quotidien. Parce qu'une telle colonisation renvoie au modèle colonialiste historique et classique, le défi politique majeur pour l'Afrique est la décolonisation systémique. Pareille décolonisation est à organiser sur les cendres de la colonisation historique.
(Coll. Études africaines, 17.00 euros, 176 p.)
ISBN : 978-2-343-04787-4, ISBN EBOOK : 978-2-336-36559-6

L'AFRIQUE FACE AUX ACCORDS DE PARTENARIAT AVEC L'EUROPE
Mbita Joseph
Les Accords de Partenariat Économique (APE) initiés par l'Union Européenne tendent à reconduire le modèle de développement extraverti de l'Afrique, qui a montré toutes ses limites au cours des cinquante dernières années. L'auteur démontre que les théories économiques, le droit international, le bilan des précédents accords de coopération avec l'Occident et le plan à long terme d'intégration et de développement de l'Afrique sont défavorables à la signature par les pays africains des APE proposés par l'UE, considérés comme de « véritables marchés de dupe ».
(Coll. Harmattan Cameroun, 13.50 euros, 118 p.)
ISBN : 978-2-343-04055-4, ISBN EBOOK : 978-2-336-36560-2

AFRIQUE (L') DANS LA MONDIALISATION
Les défis de la participation, de la démocratie et de la gouvernance mondiale
Nkoyok Jacqueline
Dans le processus actuel de mondialisation des économies, l'indépendance socioéconomique, dans le contexte africain, est une renaissance, une reconstruction, qui nécessite un véritable plaidoyer et appelle un réajustement dans la structure de pensée des jeunes Africains. La souveraineté économique dont nous parlons doit être une construction émanant d'un peuple, d'un Etat ou d'un continent.
(Coll. Harmattan Cameroun, 23.00 euros, 234 p.)
ISBN : 978-2-343-04486-6, ISBN EBOOK : 978-2-336-36707-1

GESTION DURABLE DES EAUX PLUVIALES DANS LES VILLES AFRICAINES
Un enjeu de développement de masse
Dasylva Sylvestre
Voici une approche de gestion développante des eaux pluviales en milieu urbanisé. Par une intelligence de développement inclusif, ce concept innovant mise sur l'essor rapide des villes et le ruissellement généré pour impulser une dynamique socioéconomique durable de large échelle. Il s'agit d'un plaidoyer sur la nécessité de contextualiser les pratiques en les centrant sur des objectifs d'eau agricole, d'emploi des jeunes, de santé publique et de gouvernance partagée.
(36.00 euros, 354 p.)
ISBN : 978-2-343-05383-7, ISBN EBOOK : 978-2-336-36836-8

RATIONALITÉ (LA) DE LA MÉDECINE TRADITIONNELLE EN AFRIQUE
Mvone Ndong Simon-Pierre E.
L'objet de cet ouvrage est, non seulement d'entrevoir un dialogue entre la médecine moderniste, scientiste et technoscientifique avec la médecine traditionnelle et ses représentations, mais surtout de parvenir à l'élaboration d'une médecine interculturelle qui présente un système de santé incorporant : médecine moderne et médecine traditionnelle africaine (la phytothérapie).
(Coll. Études africaines, 20.00 euros, 206 p.)
ISBN : 978-2-343-05235-9, ISBN EBOOK : 978-2-336-36570-1

MÉDECINE TRADITIONNELLE ET MÉDECINE SCIENTIFIQUE
Pour une médecine interculturelle en Afrique
Mvone Ndong Simon-Pierre E.
Voici une confrontation entre une médecine occidentale scientifique et un ensemble de pratiques de soins dites médecine traditionnelle. Comment envisager un système de soins dans lequel collaborent deux traditions médicales, occidentales et africaines : quelles sont les conditions permettant d'établir une collaboration entre toutes ces pratiques soignantes pour avoir un système de soins qui tienne compte de l'histoire sociale et culturelle des peuples d'Afrique ?
(Coll. Études africaines, 20.00 euros, 196 p.)
ISBN : 978-2-343-05252-6, ISBN EBOOK : 978-2-336-36571-8

ZONES (LES) MONÉTAIRES D'AFRIQUE DE L'OUEST
Touré Manga Fodé
L'Afrique de l'Ouest comprend deux zones monétaires distinctes : la première de huit pays regroupés au sein de l'UEMOA, avec pour monnaie le franc CFA en parité avec l'euro, la seconde comporte six pays (République de Guinée, Nigeria, Sierra Leone, Ghana, Gambie, Liberia) autour d'un projet de création de monnaie commune : la zone monétaire d'Afrique de l'Ouest (ZMAO). Si les économies de l'UEMOA affichent une faible convergence macroéconomique et un faible niveau d'inflation, celles de la ZMAO, avec un taux d'inflation plus fort, ne convergent sans doute pas en raison de la position dominante du Nigéria.
(Coll. Harmattan Guinée, 30.00 euros, 292 p.)
ISBN : 978-2-343-04977-9, ISBN EBOOK : 978-2-336-36342-4

INTÉGRATION ET COOPÉRATION EN AFRIQUE
La difficile rencontre possible entre les théories et les faits
Mvelle Guy
Cet ouvrage examine l'intégration africaine à partir de théories générales élaborées dans le cadre de la construction européenne. L'auteur y expose les idées politiques et philosophiques purement africaines pouvant donner lieu à un début de théorisation et conclut que, malgré l'ingéniosité dont font preuve les Africains en matière d'intégration et de coopération, la nécessité d'une identité africaine s'impose, tout comme se pose le problème de la pensée africaine dans ce domaine.
(Coll. Harmattan Cameroun, 16.50 euros, 268 p.)
ISBN : 978-2-343-04766-9, ISBN EBOOK : 978-2-336-36290-8

L'HARMATTAN ITALIA
Via Degli Artisti 15; 10124 Torino
harmattan.italia@gmail.com

L'HARMATTAN HONGRIE
Könyvesbolt ; Kossuth L. u. 14-16
1053 Budapest

L'HARMATTAN KINSHASA
185, avenue Nyangwe
Commune de Lingwala
Kinshasa, R.D. Congo
(00243) 998697603 ou (00243) 999229662

L'HARMATTAN CONGO
67, av. E. P. Lumumba
Bât. – Congo Pharmacie (Bib. Nat.)
BP2874 Brazzaville
harmattan.congo@yahoo.fr

L'HARMATTAN GUINÉE
Almamya Rue KA 028, en face
du restaurant Le Cèdre
OKB agency BP 3470 Conakry
(00224) 657 20 85 08 / 664 28 91 96
harmattanguinee@yahoo.fr

L'HARMATTAN MALI
Rue 73, Porte 536, Niamakoro,
Cité Unicef, Bamako
Tél. 00 (223) 20205724 / +(223) 76378082
poudiougopaul@yahoo.fr
pp.harmattan@gmail.com

L'HARMATTAN CAMEROUN
BP 11486
Face à la SNI, immeuble Don Bosco
Yaoundé
(00237) 99 76 61 66
harmattancam@yahoo.fr

L'HARMATTAN CÔTE D'IVOIRE
Résidence Karl / cité des arts
Abidjan-Cocody 03 BP 1588 Abidjan 03
(00225) 05 77 87 31
etien_nda@yahoo.fr

L'HARMATTAN BURKINA
Penou Achille Some
Ouagadougou
(+226) 70 26 88 27

L'HARMATTAN SÉNÉGAL
10 VDN en face Mermoz, après le pont de Fann
BP 45034 Dakar Fann
33 825 98 58 / 33 860 9858
senharmattan@gmail.com / senlibraire@gmail.com
www.harmattansenegal.com

L'HARMATTAN BÉNIN
ISOR-BENIN
01 BP 359 COTONOU-RP
Quartier Gbèdjromèdé,
Rue Agbélenco, Lot 1247 I
Tél : 00 229 21 32 53 79
christian_dablaka123@yahoo.fr

Achevé d'imprimer par Corlet Numérique - 14110 Condé-sur-Noireau
N° d'Imprimeur : 125999 - Dépôt légal : février 2016 - *Imprimé en France*

www.ingramcontent.com/pod-product-compliance
Lightning Source LLC
LaVergne TN
LVHW051406061026
849535LV00009B/3386